PROTOCOLOS DA TCC

EM PACIENTES TRANSDIAGNÓSTICOS

Ana Claudia Ornelas
Marcio Moreira da Silva

PROTOCOLOS DA TCC

EM PACIENTES TRANSDIAGNÓSTICOS

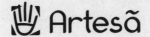

Protocolos da TCC em Pacientes Transdiagnósticos

Copyright © 2022 Artesã Editora

1ª edição - 1ª reimpressão – novembro 2023

É proibida a duplicação ou reprodução deste volume, no todo ou em parte, sob quaisquer formas ou por quaisquer meios (eletrônico, mecânico, gravação, fotocópia, distribuição na Web e outros), sem permissão expressa da Editora.

DIRETOR
Alcebino Santana

DIREÇÃO DE ARTE
Tiago Rabello

REVISÃO
Silvia P. Barbosa

CAPA
Leticia Ianhez

PROJETO GRÁFICO E DIAGRAMAÇÃO
Conrado Esteves

P967   Protocolos da TCC em pacientes transdiagnósticos / organizadores: Ana Claudia Ornelas, Marcio Moreira da Silva. – Belo Horizonte : Artesã, 2022.

        176 p. ; 23 cm.

        ISBN: 978-65-86140-94-1

        1. Psicologia. 2. Terapia cognitivo-comportamental. 3. Psicodiagnóstico. 4. Terapia multimodal. 5. Protocolos médicos. I. Ornelas, Ana Claudia. II. Silva, Marcio Moreira da.

        CDU 159.9.019

Catalogação: Aline M. Sima CRB-6/2645

IMPRESSO NO BRASIL
Printed in Brazil

📞 (31)2511-2040   💬 (31)99403-2227
🌐 www.artesaeditora.com.br
📍 Rua Rio Pomba 455, Carlos Prates - Cep: 30720-290 | Belo Horizonte - MG
📷 📘 /artesaeditora

Sumário

Prefácio 7
Dr. Gustavo Teixeira

Apresentação – Protocolos da TCC em pacientes transdiagnósticos 9
Ana Claudia Ornelas

1. Conceitualização Cognitiva: A importância deste
recurso para o Terapeuta Cognitivo-Comportamental 11
Juliana Andrade de Abreu

2. A importância da tarefa entre sessões
na Terapia Cognitivo-Comportamental 23
Marcio Moreira da Silva

3. A interlocução da Psicologia econômica
com a Terapia Cognitivo-Comportamental
nos transtornos de controle de impulso 35
Sara Carlos da Silva

4. A importância da regulação emocional
em adolescentes com transtorno do espectro autista 49
Patrícia Cláudia Rodrigues
Patrícia Zogbi dos Santos
Kátia Massini Jorge

5. *Mindfulness*: MBCT – Intervenção de *Mindfulness*
e os aspectos favoráveis sobre a depressão
e a ansiedade: um protocolo de oito semanas 61
Maria da Paz Nunes Costa Balthazar

6. A importância do treinamento em
Habilidades Sociais no Contexto da Pós-Pandemia 73
Jéssica Limberger

7. Assertividade: uma prática de respeito a si e ao outro 83
Juliana Lopes de Farias

8. Intervenções no Transtorno de Ansiedade Generalizada
sob a luz da Terapia Cognitivo-Comportamental 93
Katia Pereira Tomaz

9. Estratégias clínicas da Terapia
Cognitivo-Comportamental para depressão 101
Lidiane Calil
Raquel Magalhães de Mello

10. Intervenções e prevenções no suicídio
pela Terapia Cognitivo-Comportamental 111
Cristiane Vidal Barbosa
Liliane Aparecida Módena

11. O impacto das práticas meditativas como técnicas
complementares na Terapia Cognitivo-Comportamental 123
Lilian Cristina Nobumitsu Leão

12. A Terapia Cognitivo-Comportamental como uma proposta
eficaz no tratamento da ansiedade em jovens no espectro autista ...135
Vanessa Martins Maranho

13. O manejo da ansiedade em estudantes
de Medicina: a intervenção conjunta entre a
Terapia Cognitivo-Comportamental e a Psicofarmacologia 143
Miguel Soares de Brito Júnior

14. Manejo de estresse e ansiedade na
Síndrome de Burnout: uma revisão bibliográfica 159
Liliam Souza Aguiar
Sara Reigiana Ribeiro da Silva

Os autores 171

Prefácio

Dr. Gustavo Teixeira, M.D. M.Ed.[1]

A literatura científica sempre foi a minha paixão. Aprimorar os conhecimentos técnicos a partir do estudo deve ser o foco e a responsabilidade de todo profissional que cuida da saúde mental de outros seres humanos.

Em tempos em que se questiona a própria existência de uma pandemia do COVID-19 e de sua letalidade, o método científico nunca sofreu tanto. Momento estranho em que se exalta "cloroquinas", divulga-se *fake news* com entusiasmo e a ignorância coletiva transborda de alegria em proporções jamais vistas. Parece que a ciência está fora de moda e levando uma surra das pseudociências, ainda idolatradas por muitos.

Nesses momentos, precisamos de chamas de esperança de que uma nova geração de profissionais combata o bom combate e este livro é um excelente exemplo disso.

Quase cinco anos atrás criamos o Child Behavior Institute of Miami (CBI of Miami), uma empresa de educação 100% on-line focada em oferecer treinamentos em saúde mental para pais, educadores e profissionais. Tínhamos o objetivo claro de trabalhar para universalizar e democratizar o conhecimento científico em saúde mental no Brasil.

---

[1] Co-fundador e diretor executivo do Child Behavior Institute of Miami (CBI of Miami). Mestre em Educação Especial – Framingham State University. Professor visitante do Departament of Special Education – Bridgewater State University. www.cbiofmiami.com

Hoje contamos com a colaboração de cerca de 200 professores universitários, distribuindo conhecimento científico de alta qualidade em mais de 40 programas diferentes de pós-graduação lato senso em parceria com universidades brasileiras.

Esse grande ecossistema de ensino em saúde mental conta com o trabalho fantástico da psicóloga cognitivo-comportamental brasileira de renome internacional, a Dra. Ana Claudia Ornelas, doutora pela Universidade Federal do Rio de Janeiro e pós-doutora pela Boston University.

A Dra. Ana Claudia é coordenadora de diversos programas de pós-graduação do CBI of Miami e este livro é resultado de um trabalho fantástico com um seleto grupo de alunos da primeira turma de pós-graduação em terapia cognitivo comportamental da nossa instituição de ensino.

Protocolos da TCC em pacientes transdiagnósticos é um livro prático e que aborda de forma objetiva e científica as principais intervenções terapêuticas da terapia cognitivo-comportamental baseadas em protocolos terapêuticos que levam em consideração os processos emocionais dos pacientes e permitem assim uma maior eficácia da intervenção, contando com grande individualização do tratamento.

Desejo que esta obra seja lida por todos aqueles que acreditam na ciência como ferramenta de conhecimento para ajudar o próximo.

Parabéns a todos os escritores desta obra, nossos queridos alunos: Marcio Moreira da Silva, Juliana Andrade de Abreu, Sara Carlos da Silva, Patrícia Cláudia Rodrigues, Patrícia Zogbi dos Santos, Kátia Massini Jorge, Maria da Paz Nunes Costa Balthazar, Jéssica Limberger, Juliana Lopes de Farias, Vanessa Martins Maranho, Lilian Cristina Nobumitsu Leão, Cristiane Vidal Barbosa, Liliane Aparecida Módena, Liliam Souza Aguiar, Sara Reigiana Ribeiro da Silva, Lidiane Calil, Raquel Magalhães de Mello, Katia Pereira Tomaz e Miguel Soares de Brito Júnior.

Muito sucesso e boa leitura!

Apresentação – Protocolos da TCC em pacientes transdiagnósticos

Ana Claudia Ornelas

Há mais de três décadas, a Terapia Cognitivo-Comportamental (TCC) tem desenvolvido de forma científica tratamentos eficazes para diversos transtornos emocionais. Com a crescente produção de pesquisas em protocolos eficazes e atuais, a área clínica na TCC tem se beneficiado com uma mudança promissora na ciência da saúde mental. Para tratar os transtornos psiquiátricos específicos, ou mesmo quando há comorbidades com outros transtornos, a TCC desenvolveu protocolos que são usados como guias para tratamento. Este livro apresenta as intervenções mais atuais na TCC, que têm como objetivos: 1) realizar um plano de tratamento individualizado; 2) aumentar a eficácia da validação de pontos fortes que cada cliente possui e, ainda; 3) utilizar a motivação para mudança aliada ao autoconhecimento e à autorregulação emocional.

Nessa proposta, a conceitualização de casos possibilita ao terapeuta a traçar um plano de tratamento individualizado com a utilização de técnicas que possibilitam o desenvolvimento de novas aprendizagens e manejo da regulação emocional. Anteriormente, as sessões na TCC clássica eram estruturadas de acordo com a intensidade dos transtornos mentais e a intervenção era focada na mudança do comportamento problemático. Esta obra apresenta um novo modelo baseado nos processos emocionais de pacientes transdiagnósticos.

Este novo conceito de transdiagnósticos tem como origem na identificação de processos comuns caracterizados em vários diagnósticos ou nenhum diagnóstico. O indivíduo pode trazer como queixas, nada que esteja relacionado a um transtorno apenas. O que se torna mais significativo na visão transdiagnóstica é a intensidade, a frequência e a durabilidade das emoções e, com isso, as possibilidades do desenvolvimento de modelos e intervenções focadas nesses processos.

A presente obra descreve capítulos baseados em práticas de protocolos da TCC desde a conceitualização de casos clínicos até as intervenções em pacientes transdiagnósticos.

1. Conceitualização Cognitiva: A importância deste recurso para o Terapeuta Cognitivo-Comportamental

Juliana Andrade de Abreu

1. Introdução

A Psicoterapia Cognitivo-Comportamental (TCC) surgiu pelos estudos do Psiquiatra Aaron Beck, na década de 60, partindo do pressuposto de que as pessoas desenvolvem e mantêm crenças básicas ao longo da sua vida. Suas emoções e comportamentos dependem do modo como a pessoa interpreta uma determinada ocorrência, a partir das quais constituem uma visão do mundo e de sua personalidade (FREITAS; RECH, 2010). Caracteriza-se por ser uma abordagem psicoterapêutica dinâmica, estruturada, com participação ativa entre terapeuta e cliente, voltada para o presente, que se baseia no modelo cognitivo e na utilização de técnicas específicas, predominantemente cognitivas e comportamentais, que visam à modificação dos padrões de pensamentos e crenças disfuncionais que causam ou mantêm sofrimento emocional e/ou distúrbios psicológicos no indivíduo (ARAUJO; SHINOHARA, 2002). Esta abordagem engloba intervenções psicoterapêuticas que tem como metas gerar questionamentos de evidências com as alterações nos pensamentos, nos sistemas de significados, para que além de conceder autonomia ao cliente, alcançando assim o alívio, a remissão e a regulação emocional dos sintomas (NEUFELD; CAVENAGE, 2010).

Desta forma, os princípios da TCC buscam realizar a reestruturação cognitiva, a partir de uma conceitualização cognitiva do cliente e de seus problemas, uma vez que este recurso é essencial para quem se denomina terapeuta cognitivo comportamental, pois é uma habilidade clínica fundamental que o terapeuta precisa ter domínio, para acompanhar a evolução do caso, a compreensão da história, além de organizar fatores mantenedores e recursos de enfrentamento apresentados pelo cliente (FONTELES; MEMORIA, 2013). Desta forma, diversos autores como J. Beck (2014); Wright *et al.* (2008), Fonteles e Memoria (2013); Neufeld e Cavenage, (2010); Kuyken, Padesky e Dudley (2010) indicam a conceitualização cognitiva como o coração, o elemento vital da TCC. O que justifica este trabalho devido a relevância terapêutica e cientifica do tema.

> Freeman (1998) chega mesmo a afirmar que a habilidade mais importante do psicoterapeuta é a capacidade para desenvolver conceituações de tratamento, uma vez que, mesmo com a utilização de técnicas e instrumentos de terapia cognitiva, sem a formulação o objetivo se perde. Devido à importância deste aspecto para a prática eficaz da terapia cognitivo-comportamental. (ARAUJO; SHINOHARA, 2002, p. 2)

O objetivo principal deste capítulo é descrever como elaborar a conceitualização cognitiva colaborativa com o cliente, sustentada por uma pesquisa qualitativa de caráter teórico e bibliográfico com base na literatura e experiência clínica.

2. A Terapia Cognitivo-Comportamental e as "ondas" de desenvolvimento

A TCC é uma abordagem da Psicologia bem recente e que se difere das mais tradicionais, por procurar tratar os sintomas apresentados diretamente, voltando-se para a resolução deles. Como uma psicoterapia breve, estruturada, orientada ao presente, direcionada a resolver problemas atuais e a ressignificar os pensamentos e os comportamentos disfuncionais (BECK, 2014; TAVARES, 2005). De acordo com esses mesmos autores, esse é o modelo de psicoterapia com maior eficácia comprovada para os mais diversos tipos de transtornos e dificuldades. Esta abordagem terapêutica, considerada ainda pelos mesmos estudos, como a mais sólida em relação à validade científica, pois estuda o comportamento humano de maneira científica, através de criteriosas pesquisas. Abrange métodos específicos e não específicos que permitem a melhora sistemática das questões tratadas por utilizar-se de técnicas que perseguem objetivos concretos, definidos e operacionais.

Rangé (2011) destaca em sua obra, os três principais objetivos da TCC, nos quais é possível apoiar a prática terapêutica. O primeiro objetivo visa avaliar quais as variáveis que interferem no que está acontecendo com o cliente, que envolvem os *Pensamentos Automáticos,* que são mais acessíveis, as *Crenças Intermediárias,* que apresentam sua relação de causa e efeito, e *as Crenças Centrais,* que são mais profundas e consideradas pelo cliente como verdades absolutas. O autor destaca, ainda, que também é importante considerar a história de vida do cliente, considerando o seguinte esquema: E – O – R = {C+A+M} -> Cq

Os *Estímulos (E)* correspondem a tudo que está ao redor do cliente, como o ambiente. O *Organismo (O)* caracteriza a própria pessoa e suas características pessoais. As *Respostas (R)* podem ser reproduzidas de três maneiras, cognitivas, autonômicas e motoras. As *Cognitivas (C)* correspondem as crenças. Já as *Motoras(M)* são as ações comportamentais, e, por fim, as *Autonômicas (A),* que são as sensações físicas. Por fim, temos as consequências (Cq), sendo o que leva o cliente até a terapia apresentada como queixa. O segundo objetivo tende investigar como o cliente chega à terapia, apresentando o que é funcional para ele e o que não é. Já o terceiro objetivo, visa planejar o tratamento e prevenir recaída. Kuyken, Padesky e Dudley (2010) acrescentam um quarto objetivo, que visa na validação dos pontos positivos do cliente, buscando seu engajamento e motivação no processo.

O conhecimento da estrutura da TCC é essencial para a elaboração da conceitualização cognitiva, visto que este conhecimento possibilita orientar a atuação do terapeuta e sua forma de atuação. Esta linha de tratamento divide-se atualmente em "Terapias Cognitivas", desmembradas em três momentos de revolução desta abordagem, conhecida como "ondas" da TCC e seus enfoques.

A TCC começou oriunda da teoria da aprendizagem evolucionismo de Darwin e de uma crescente realização de estudos empíricos sobre o comportamento, onde eram realizadas pesquisas com animais para uma aplicabilidade com pessoas (BAHLS; NAVOLAR, 2010). A primeira onda desse processo, ocorrida nos anos 50, caracteriza-se como a terapia comportamental clássica e a modificação do comportamento com a teoria da aprendizagem, denominada por John Watson como Behaviorismo. Essa teoria apresentou em um primeiro momento que qualquer pessoa poderia aprender qualquer situação, inclusive emoções, e estas poderiam ser respondentes (automáticas) ou processadas. Com influências dos estudos de Ivan Petrovich Pavlov, responsável pela descoberta das classes de comportamentos às quais hoje damos o nome de reflexos, e de Skinner, que apresentou a possibilidade de predizer a eficácia do tratamento através das relações existentes entre os antecedentes e as forças ambientais, pois acreditavam na possibilidade de explicar o comportamento através da relação simples entre o homem e o seu ambiente.

A segunda onda se caracteriza pela revolução cognitivista em Psicologia, que marcou os anos 60. Durante um período, essa visão foi dominante, pois estava relacionada aos trabalhos desenvolvidos por Jean Piaget nas suas pesquisas cognitivas e a Albert Bandura com sua contribuição importante no campo da aprendizagem (KNAPP, 2015).

Diante dessas pesquisas, começou a ser possível aceitar também a influência de variáveis cognitivas, com as contribuições do psicanalista Aaron Beck por conta das insatisfações com as formulações psicodinâmicas sobre a depressão. Beck identificou aspectos importantes do funcionamento das estruturas cognitivas, tais como os esquemas negativos, as distorções cognitivas e a tríade cognitiva, ou seja, pensamento à sentimento à comportamento, que refletem uma tendência sistemática no modo como os indivíduos afetados interpretam as experiências particulares (BECK, 2014).

Neste modelo de terapia, a perturbação emocional está atrelada à capacidade do indivíduo em perceber de forma negativa o ambiente e os acontecimentos, influenciando o afeto e, consequentemente, o seu comportamento. Ao distorcer a realidade e aplicá-la um viés negativo, passa a ser a cognição e não a emoção, o fator desencadeante principal. Tal afirmação, contudo, não pretende dizer que os pensamentos são responsáveis pelos problemas emocionais, mas sim que eles modulam e mantém as emoções disfuncionais, não importando qual seja a sua origem. Outra contribuição foi a de Albert Ellis, outro psicanalista insatisfeito com a aplicação desta abordagem na prática clínica, e que criou a Terapia Racional Emotiva Comportamental (TREC). Essa terapia é influenciada por teorias psicodinâmicas, mas traz um caráter mais ativo, diretivo e sistemático de intervenção junto cliente. O objetivo principal da TREC, portanto, é identificar e contestar as crenças disfuncionais do indivíduo, buscando manter um estado de equilíbrio emocional (BARBOSA; TERROSO; ARGIMON, 2014).

Segundo Hofmann e Hayes (2018), nos anos 2000 surgem novas propostas de psicoterapias situadas em uma abordagem empírica e contextual, caracterizando a terceira onda da TCC, sendo mais sensíveis ao contexto e às funções do fenômeno psicológico, visando enfatizar estratégias de mudanças experienciais. Neste sentido, o foco é desativar pensamentos referentes ao passado e passar a ter no controle o que é fundamental para o cliente agora. Essa terceira onda representa uma diversidade de modelos de intervenção, sendo que as três principais são: Terapia Analítica Funcional (FAP), que pode ser aplicada no tratamento juntamente com a hipnose, no qual o foco é a relação terapêutica, onde são avaliadas as contingências da sessão; Terapia Comportamental Dialética (TCD), que trabalha focada na extinção de padrões rígidos e na qualidade de vida do cliente; e, por fim, a Terapia de Aceitação e Compromisso (ACT), que tem como base o uso de *Mindfulness* e aceitação, visando aproximar o cliente do que é bom para ele e afastar do que é desagradável, trabalhando a flexibilidade psicológica (MONTEIRO *et al.*, 2015).

Desta forma, vale destacar que as terapias de "terceira de onda" não invalidam ou rebaixam a eficácia da Terapia Cognitiva de Beck. Na verdade, elas ampliam o repertório do Terapeuta Cognitivo, pois oferecem mais condições para que ele realize um tratamento mais completo para seus clientes, pois estes métodos ressaltavam questões como emoção, aceitação, senso de self, metacognição, o relacionamento, flexibilidade, visto que esta diversidade de teorias apresenta uma visão mais abrangente do indivíduo, voltando-se não apenas para apresentar resultados, mas também em estabelecer uma relação com as dificuldades humanas, em um sentido mais amplo e profundo. Isso permite que o terapeuta, a partir de uma boa conceitualização cognitiva, possa escolher, dentro das possibilidades das terapias cognitivas comportamentais, qual abordagem é melhor para o seu cliente (HOFMANN; HAYES, 2018).

3. Diagrama de Conceitualização Cognitiva: o "mapa" do terapeuta

A conceitualização cognitiva também pode ser denominada de conceituação de caso, enquadre cognitivo ou formulação (FONTELES; MEMORIA, 2013; NEUFELD; CAVENAGE, 2010; KUYKEN; PADESKY; DUDLEY, 2010). Independente de nomenclatura, a função é ser um "mapa" que orienta o trabalho a ser realizado com o cliente. A. Beck (2014) explica que a o trabalho do terapeuta cognitivo funciona como uma viagem e a conceituação cognitiva como um "mapa", no qual o cliente e ele discutem as metas da terapia para o destino final. Desta forma, conceituar um cliente em termos cognitivos é determinar o caminho mais eficiente para dar um diagnóstico seguro, auxiliando na escolha das metas que serão trabalhadas e das intervenções terapêuticas a serem realizadas (BECK, 2014). Por isso é fundamental que o terapeuta e cliente, trabalham coletivamente, no empirismo colaborativo, convidando e incentivando a participação ativa do cliente (KUYKEN; PADESKY; DUDLEY, 2010).

Portanto, Beck (2014) e Neufeld e Cavenage, (2010) sugerem que esse "mapa", seja elaborado de forma resumida, através de um diagrama, onde o terapeuta precisa coletar dados do cliente procurando identificar hipóteses sobre as demandas iniciais e como se desenvolveram e são mantidas. Também é preciso identificar os pensamentos e crenças disfuncionais que estão associados a estas situações e quais são as reações emocionais, fisiológicas e comportamentais relacionadas ao pensamento. Além das experiências passadas, regras e estratégias cognitivas, afetivas e comportamentais que contribuem para a "situação-problema", vivenciadas pelo cliente.

Antes de iniciar o desenvolvimento do diagrama, ou seja, do "mapa", é importante destacar que, para uma boa coleta de dados na anamnese, o terapeuta precisará de um bom vínculo terapêutico, desta forma será possível colher informações importantes da vida do cliente, além de reunir diversos dados que irão compor um "caldeirão", como pontuam Kuyken, Padesky e Dudley (2010), que utilizam essa metáfora para exemplificar que é no caldeirão que diferentes elementos se misturam, transformando-se, novo produto, e cabe ao terapeuta a capacidade de interpretar e traduzir este cliente, através de uma boa conceitualização, do empirismo colaborativo e da capacidade de apontar os pontos fortes do cliente.

Rangé (2011) destaca, ainda, que uma conceitualização de caso é um modelo de representação de como o cliente está funcionando (não como ele é), portanto a conceitualização de caso desenvolve-se progressivamente durante o processo da terapia e conforme a terapia progride a conceitualização precisa ser alterada (KUYKEN; PADESKY; DUDLEY, 2010).

Esse diagrama, ou "mapa", é muito útil na prática clínica por ser de fácil compreensão não só para o terapeuta como também para o cliente, além de poder ser utilizado como instrumento didático para o cliente entender melhor o modelo cognitivo e a compreensão de suas dificuldades sob este ponto de vista. Todos os dados levantados durante as entrevistas serão aqui interrelacionados. Encontra-se, no Diagrama Conceitualização Cognitiva Explicativo (Tabela 1), uma versão adaptada da proposta de Beck (2014), Kuyken, Padesky e Dudley (2010), com perguntas básicas que pode orientar o terapeuta no seu preenchimento.

Tabela 1 – Modelo do Diagrama de Conceitualização Cognitiva

DIAGRAMA DE CONCEITUALIZAÇÃO COGNITIVA EXPLICATIVO	
1. Identificação do Cliente:	Buscar as informações básicas para conhecer o cliente
Nome:	Idade:
Profissão:	Religião:
Pai: Mãe:	Grau de escolaridade:
1.2. Informações relevantes:	Destacar informações significativas da vida do cliente, que mais o afetam. Podem ser eventos bons e ruins.
1.3. Lista de problemas:	Levantar os problemas apresentados pelo cliente.
1.4. Diagnóstico:	O diagnóstico existe ou não? Tem comorbidade? Faz uso de medicamento? Qual a história psiquiátrica e psicoterapêutica? Já fez outros tratamentos? Nota: Não é importante que o cliente apresente um diagnóstico fechado.

DIAGRAMA DE CONCEITUALIZAÇÃO COGNITIVA EXPLICATIVO

1.5. Dados relevantes da história:	Situação atual de vida, educação, financeiro, lazer, como foi a infância, estrutura familiar, doenças, as aprendizagens e experiências antigas que contribuíram para os problemas atuais.
2. Crenças Centrais:	O que cliente traz como funcionamento, os mecanismos utilizados para lidar com as situações cotidianas.
2.1. Tríade cognitiva/ tríade negativa:	É composta por três padrões cognitivos na forma como o indivíduo vê a si mesmo, o mundo e o futuro. A visão negativa disfuncional é o que caracteriza os transtornos depressivos (é possível aplicação de inventários).

Visão de si: como a pessoa se percebe	**Visão do mundo:** incluindo as relações, trabalho e atividades.	**Visão do futuro:** visão negativa do futuro, o que parece estar cognitivamente vinculado ao grau de desesperança.

3. Crenças intermediárias: As crenças intermediárias são regras, atitudes ou suposições. São afirmações do tipo "se... então" ou "deveria", que se apresentam de modo inflexível e imperativo. Também podem ser chamadas de pressupostos subjacentes ou condicionais ou de crenças associadas (LEAHY, 2006).

3.1. Estratégia compensatória: Utiliza enquanto manutenção (fatores mantenedores, ganhos secundários).

4. Situação: Qual foi a situação (evento) problemático ocorrido. Pode ser desenvolvido a partir da queixa do cliente, no qual o terapeuta traduz o relato do cliente em termos cognitivos. Quais seriam os sintomas cognitivos (crenças, pensamentos automáticos)?

4.1. Pensamento automático (PAs): Os PAs fazem parte de um fluxo de processamento cognitivo subjacente ao processamento consciente. Geralmente, são particulares ao indivíduo e ocorrem de maneira rápida através da avaliação do significado de episódios de sua vida (WRIGHT; BASCO; THASE, 2018).

4.2. Emoção: Quais os sintomas emocionais, afetos e manifestações fisiológicas que apresenta.

DIAGRAMA DE CONCEITUALIZAÇÃO COGNITIVA EXPLICATIVO
4.3. Comportamento: Reações comportamentais/motores. O que o cliente faz, evita ou compensa.
5. Hipótese de trabalho: Levantar possíveis hipóteses a partir dos dados levantados.
5.1. Formulação preliminar: Daquilo que o cliente está trazendo e o terapeuta observa que é necessário ser trabalhado.
6. Pontos fortes e recursos: O que o cliente apresenta que poderá contribuir com o processo, valorizando os pontos fortes.
6.1. Flexibilidade da conceitualização/reavaliação: É necessário reavaliar, se a queixa principal permanece e a importância de uma avaliação constante.
6.2. Plano de tratamento: Planejar a forma de trabalho com os objetivos, metas e a intervenção (técnicas) que serão utilizadas.
6.3. Obstáculos: Prever obstáculos ao tratamento.

Fonte: Adaptado de Beck (2014) e Kuyken, Padesky e Dudley (2010).

Após a compreensão da estrutura de uma conceitualização de caso, é essencial destacar que esse é o recurso mais importante para o planejamento e condução de uma intervenção adequada. Pois, diferente de diagnosticar, que remete a um conjunto de sintomas que descrevem de modo geral os problemas do cliente, a conceituação cognitiva envolve um conjunto de hipóteses personalizadas sobre os problemas da pessoa e é sustentada pelo modelo cognitivo. Essa hipótese de trabalho não é a verdade absoluta. Portanto, à medida que aparecem novos dados, terapeuta e paciente colaborativamente modificam e refinam sua formulação confirmando algumas hipóteses e abandonando outras (SOUSA; PANDOVANI, 2015).

De acordo com Neufeld e Cavenage (2010), é importante garantir que a conceitualização atenda aos seguintes critérios: ter utilidade, ser simples, teoricamente coerente, oferecer explicações sobre comportamentos passados, encontrar sentido nos comportamentos presentes e ter capacidade para predizer comportamentos futuros, prevenindo também as recaídas.

O principal objetivo da conceitualização cognitiva é aprimorar o resultado do tratamento, possibilitando que tanto o terapeuta quanto o cliente alcancem uma compreensão mais ampla e profunda dos mecanismos cognitivos. A partir de uma boa compreensão do caso que está sendo apresentado, torna-se muito mais simples o planejamento de estratégias para alcançar determinados objetivos. O uso deste recurso funciona como um guia para auxilia o terapeuta na escolha das intervenções terapêuticas e das tarefas a serem realizadas. Por isso a importância de realizar a conceitualização individualizada associada diretamente à estrutura psicológica do cliente antes de escolher e aplicar técnicas (FONTELES; MEMORIA, 2013; WRIGHT *et al.*, 2008; ARAUJO; SHINOHARA, 2002). Neufeld e Cavenage (2010) destacam que, sem a compreensão cognitiva do cliente, todo o tratamento se resumirá à aplicação de várias técnicas cognitivas e comportamentais, que não resultarão em um trabalho eficaz. Diferentemente disso, os terapeutas cognitivo-comportamentais elaboram um plano de tratamento adequado ao cliente, levando em conta o entendimento cognitivo do mesmo, com um planejamento estratégico para garantir um resultado eficaz. Kuyken, Padesky e Dudley (2010) destacam que principal função da conceitualização de caso é orientar a terapia para suavizar o sofrimento e desenvolver a resiliência do cliente.

4. Considerações finais

Este capitulo procurou contribuir no auxílio de terapeutas cognitivos comportamentais, oferecendo informações relevantes para oferecer suporte na prática clínica. A conceitualização cognitiva é uma ferramenta clínica essencial que exige do terapeuta conhecimento do modelo cognitivo para auxiliar na identificação das dificuldades dos clientes e da organização das mesmas dentro do modelo cognitivo.

Portanto, buscou descrever a importância desse recurso e apresentar uma proposta de elaboração para a conceitualização cognitiva voltada para os terapeutas cognitivos comportamentais. Ao longo do texto, vimos que a conceitualização de caso é uma habilidade terapêutica essencial, que funciona como um mapa. Esta ferramenta envolve a coleta de informações na qual o terapeuta deve procurar identificar hipóteses sobre as demandas iniciais apresentadas pelo cliente.

Por fim, o presente trabalho visa impulsionar pesquisas na área de conceitualização cognitiva, além de incentivar o uso desta ferramenta pelos terapeutas cognitivos comportamentais, desmistificando as crenças de que a terapia cognitiva comportamental é rasa e que se resume apenas em aplicação de técnicas.

Referências

ARAÚJO, C. F.; & SHINOHARA, H. Avaliação e diagnóstico em terapia cognitivo-comportamental. *Rev. Interação em Psicologia*, 2002. Disponível em: <https://revistas.ufpr.br/index.php/psicologia/article/viewFile/3191/2554> Acesso em: 20 jun. 2022.

BAHLS, S. C.; & NAVOLA, A. B. B. *Terapia cognitivo-comportamentais*: conceitos e pressupostos teóricos. 2010. Disponível em:< https://psicoterapiaepsicologia.webnode.com.br/news/terapia-cognitivo-comportamentais-conceitos-e-pressupostos-teoricos/> Acesso em: 20 jun. 2022.

BARBOSA, Arianne de Sá; TERROSO, Lauren Bulcão; & ARGIMON, Irani Iracema de Lima. Epistemologia da terapia cognitivo-comportamental: casamento, amizade ou separação entre as teorias? *Bol. - Acad. Paul. Psicol.*, v. 34 n. 86, 2014. Disponível em:< http://pepsic.bvsalud.org/scielo.php?script=sci_arttext&pid=S1415-711X2014000100006> Acesso em: 20 jun. 2022.

BECK, Judith S. *Terapia Cognitivo-Comportamental*: teoria e prática. 2. ed. Porto Alegre: Artmed, 2014.

FONTELES, F. L. P.; & MEMORIA, C. G. *Conceitualização Cognitiva*: técnica avaliativa da terapia cognitivo-comportamental, 2013. Disponível em:<http://www.guiapsi.com.br/sites/default/files/artigos/conceitualizacao_cognitiva.pdf.> Acesso em: 20 jun. 2022.

FREITAS, P. B.; & RECH, T. O uso da terapia cognitivo-comportamental no tratamento do transtorno depressivo: uma abordagem em grupo. 2010. Disponível em:< http://pepsic.bvsalud.org/scielo.php?script=sci_arttext&pid=S0104-65782010000100007> Acesso em: 20 jun. 2022.

HOFMANN, S. G.; & HAYES, S. C. *TCC Moderna CBT*: Movendo-se em direção a terapias baseadas em processos. *Rev. bras. ter. cogn.*, v. 14, n. 2, p. 77-84, dic. 2018 . Disponível em: <http://pepsic.bvsalud.org/scielo.php?script=sci_arttext&pid=S1808=56872018000200003-&lng=es&nrm-iso>. Acesso em: 20 jun. 2022.

LEAHY, R. L. *Técnicas de terapia cognitiva*: Manual do terapeuta. Porto Alegre: Artmed, 2006.

KNAPP, Werner Paulo. *Tendências históricas e atuais das terapias cognitivo-comportamentais*. Tese (Doutorado) - Programa de Pós-Graduação em Ciências Médicas, Universidade Federal do Rio Grande do Sul, Porto Alegre, RS, 2015.

KUYKEN, W.; PADESKY, C. A.; & DUDLEY, R. *Conceitualização de casos colaborativa*: o trabalho em equipe com clientes em terapia cognitivo-comportamental. Porto Alegre: Artmed 2020.

MONTEIRO, E. P. *et al.* Terapia de aceitação e compromisso (ACT) e estigma: revisão narrativa. *Rev. bras.ter. cogn.* 2015. Disponível em: < http://pepsic.bvsalud.org/scielo.php?script=sci_arttext&pid=S1808-56872015000100004> Acesso em: 20 jun. 2022.

NEUFELD, C. B.; & CAVENAGE, C. C. Conceitualização cognitiva de caso: uma proposta de sistematização a partir da prática clínica e da formação de terapeutas cognitivo-comportamentais. *Rev. Bras. Ter. Cogn.* 2010. Disponível: <http://pepsic.bvsalud.org/scielo.php?script=sci_arttext&pid=S1808- 56872010000200002>. Acesso em: 20 jun. 2022.

RANGÉ, B. *Psicoterapias Cognitivo-Comportamentais*: um diálogo com a Psiquiatria. 2. ed. Porto Alegre: Artmed, 2011.

SOUSA, C. R.; & PADOVANI, R. C. Supervisão em Terapias Cognitivo-Comportamentais: trilhando outros caminhos além do Serviço-Escola. *Psico-USF*, 2015. Disponível em: <www.scielo.br http://dx.doi.org/10.1590/1413-82712015200308>. Acesso em: 20 jun. 2022.

TAVARES, L. Abordagem Cognitivo-Comportamental no Atendimento de Pacientes com história de depressão e déficit em habilidades sociais. Monografia (Conclusão de Curso) – Universidade Federal de Santa Catarina, Florianópolis, SC, 2005. Disponível em:< http://newpsi.bvs-psi.org.br/tcc/83.pdf> Acesso em: 20 jun. 2022.

WRIGHT, Jesse *et al. Terapia Cognitivo-Comportamental de alto rendimento para sessões breves*: guia ilustrado. 2008.

WRIGHT, J. H.; BASCO, M. R.; & THASE, M. E. *Aprendendo a terapia cognitivo-comportamental*: um guia ilustrado. Porto Alegre: Artmed, 2018.

2. A importância da tarefa entre sessões na Terapia Cognitivo-Comportamental

Marcio Moreira da Silva

1. Introdução e princípios fundamentais

A Terapia Cognitivo-Comportamental (TCC) engloba uma gama de abordagens terapêuticas que incluem a de Aaron T. Beck desenvolvida na década de 60, que enfatiza a relação que ocorre entre pensamentos, comportamentos e emoções, além de outras, tais como: Terapia Racional Emotiva Comportamental de Albert Ellis, terapia de solução de problemas, terapia comportamental dialética de Linehan, Terapia Focada no Esquema de Young, dentre outras (RONEN; FREEMAN, 2017).

Os princípios fundamentais da TCC se baseiam no fato de que as cognições influenciam nossas emoções e comportamentos e a forma como nos comportamos pode afetar os padrões de pensamentos e das emoções. Desta forma, os terapeutas focam sua atenção nas relações que ocorrem entre pensamentos, emoções e comportamentos, na orientação das intervenções com seus clientes (WRIGHT; BASCO; THASE, 2018).

De acordo com Beck (2013), a TCC é focada no presente, é educativa, de maneira a ensinar o cliente a ser seu próprio terapeuta, é direcionada para a resolução de problemas, é ativa e colaborativa e é também estruturada. Nela, o psicoterapeuta tem o papel de estimular a colaboração e a participação ativa do cliente, trabalhando juntos para produzir a resolução do problema.

Essa colaboração a TCC denomina de empirismo colaborativo. Dobson e Dobson (2011) afirmam que ela implica que terapeuta e cliente estejam envolvidos num trabalho de equipe para resolverem os problemas. Desta forma, a responsabilidade do processo terapêutico é uma responsabilidade compartilhada cujo objetivo é a mudança. Wright, Basco e Thase (2018) entendem que o estabelecimento de metas e agendas, assim como focar nos pensamentos e comportamentos problemáticos, serão testados empiricamente quanto à validade ou utilidade, sendo então planejadas entre terapeuta e cliente estratégias de enfrentamento.

Além disso, a terapia segue uma estrutura em cada sessão, que geralmente é composta de: verificar de humor, definir de maneira colaborativa a agenda, revisar tarefa de casa, discutir os problemas, decidir novo exercício de casa, e, no final, um *feedback*.

Diante da estrutura básica de uma sessão conforme Beck (2013), este capítulo tem como objetivo apresentar a estratégia denominada tarefa de casa, organizada em três seções: a tarefa de casa na Terapia Cognitivo-Comportamental, diferentes populações e a prescrição das tarefas, e os problemas na realização das tarefas.

2. A tarefa de casa na Terapia Cognitivo-Comportamental

Dattilio (2011) nos explica que a utilização da tarefa de casa é algo que ocorre no campo da psicoterapia há bastante tempo. O autor cita várias abordagens, como a psicodinâmica, além das sistêmicas, integrativas e pós-modernas que a utilizam. Compreende, porém, que na TCC ela é enfatizada como fundamentais, além de sua realização trazer resultados mais positivos no processo terapêutico.

Segundo afirmam Wenzel e Dobson (2016), tarefa de casa trata-se de um termo que se refere ao trabalho que os clientes realizam entre as sessões de terapia, com o objetivo de reforçar o que é trabalhado durante a sessão, diante dos problemas vivenciados em suas vidas, sendo essencial para que aconteça um novo aprendizado. Isso se faz necessário, devido às dificuldades trazidas pelos clientes nas sessões não serem suficientes devido ao tempo, de maneira a resolverem seus problemas entre as sessões, conforme afirma Beck (2011).

Como a TCC é uma abordagem ativa e colaborativa, e a tarefa é um dos elementos centrais, para os terapeutas é essencial o uso das tarefas entre as sessões e estas têm o papel de enfatizar para os clientes sua importância de maneira criativa e colaborativa para maximizar a sua eficácia (Wenzel, 2019).

De acordo com Rangé (2011), Neenan e Dryden (2015) e Ronen e Freeman (2017), uma das principais finalidades da tarefa entre as sessões é poder consolidar mudanças cognitivas, emocionais e comportamentais, trazendo a terapia para o dia a dia dos clientes. Assim, eles assimilam o modelo cognitivo, podendo, desta maneira, o utilizar no pós-terapia. Considerando-se o fato de que a TCC tende a ser breve, torna-se importante a tarefa para que o cliente com as habilidades aprendidas seja seu próprio terapeuta.

Isso ocorre com a colaboração que o cliente vai desenvolvendo durante o processo. Friedberg e McClure (2019) propõem um *continuum* cognitivo no qual os terapeutas podem ajustar esse nível. Assim, é possível que no início do tratamento a colaboração seja baixa e o cliente apresente baixa motivação além de apresentar passividade. Posteriormente, passa a haver uma mudança, e os clientes tornam-se mais ativos e participativos no processo, favorecendo a aprendizagem e consequentemente gerando novos hábitos funcionais.

Para Dobson e Dobson (2011), as várias formas de tarefa de casa incluem desde a leitura de materiais educativos a experimentos comportamentais, ou práticas de habilidades comunicativas. Tang e Kreindler (2017) propõem três categorias de tarefa de casa: as psicoeducacionais, as de auto avaliação, e as específicas de modalidade. As duas primeiras são muito comuns no início do tratamento. Para ver exemplos, conferir a tabela 1.

Tabela 1 – Categorias e exemplos de tarefas

Categorias	Exemplos
Psicoeducacionais	É muito comum a sugestão de leituras de livros, artigos, folhetos, artigos de internet, materiais de áudio e vídeo.
Auto avaliação	Geralmente, são Registro de Pensamentos disfuncionais (RPD), monitoramento das distorções cognitivas, o uso dos cartões de enfrentamento, etc.
Específicas	Exposição exteroceptiva, práticas de relaxamento progressivo, respiração diafragmática, *Mindfulness*, etc.

Fonte: Adaptado de Tang e Kreindler (2017).

Como destacam Clark e Beck (2012), é na fase inicial da psicoeducação que se faz necessário introduzir a importância da tarefa e, ao longo de todo o tratamento, recordar o cliente do papel que ela tem na terapia. Também Neenan e Dryden (2015) ressaltam que desde a primeira sessão os clientes devem ser incentivados sobre a importância da sua realização de maneira colaborativa, embora nas primeiras sessões o terapeuta tenha um papel mais ativo no estabelecimento de tais tarefas. Além disso, com a prática das tarefas, o processo terapêutico tem progressos, rumo à meta traçada.

Neste ponto, diversas pesquisas, como Clark e Beck (2012), Strunk e Conklin (2015) e Tang e Kreindler (2017) verificam a efetividade da terapia para quem realiza as tarefas. Pelo contrário, o não envolvimento com a tarefa, geralmente é um dos principais motivos pelos quais os clientes não encontram benefícios na terapia, conforme explicam Clark e Beck (2012).

Um ponto fundamental que não pode ser esquecido é a revisão da tarefa. Wenzel (2019) afirma que ela é mais do que a simples pergunta "Você fez sua tarefa de casa?". A revisão promove a oportunidade de reflexão por parte dos clientes em relação ao aprendizado dos princípios da TCC trabalhados na sessão. Wright, Basco e Thase (2018) enfatizam que discutir e revisar a tarefa permite ao terapeuta reforçar a importância da prática e recordar do papel ativo que o cliente tem na terapia. Andretta e Oliveira (2011) lembra que, quando não há a revisão, pode haver um desestímulo acabando por inutilizar a ferramenta terapêutica. É uma oportunidade para reconhecer os progressos alcançados ao longo do processo.

De acordo com Wenzel e Dobson (2011), a revisão geralmente acontece no início de cada sessão, antes da definição da agenda, se a discussão sobre ela for breve. Dependendo do terapeuta, ela pode ser um item da agenda, podendo conter referências importantes do ocorrido, conduzindo a discussão dos acontecimentos, além de revisar a tarefa. Wenzel (2019) recomenda pedir permissão ao cliente para adicionar a revisão da tarefa junto à agenda para garantir que esta receba a atenção adequada na sessão, consistindo também numa adaptação do cliente com o modelo terapêutico proposto pela TCC e sua importância.

Além disso, como destacam Wenzel e Dobson (2016), a revisão também é útil, para validar o trabalho que o cliente faz, seja ao concluir ou não a tarefa e buscar entender quais as dificuldades que surgiram durante o processo, ajudando também a identificar o que foi útil, o que funcionou ou não, de maneira a torná-la eficaz no futuro. Dessa forma, as experiências negativas são importantes para serem discutidas durante a sessão, para a construção de habilidades de superação das dificuldades e problemas encontrados.

Também não menos importante é o desenvolvimento da nova tarefa de casa. É fundamental, após o trabalho da agenda, desenvolver de forma colaborativa com o cliente uma nova tarefa cujo objetivo é continuar avançando com os objetivos do tratamento. Aqui, o terapeuta tem a função de, antes do fim da sessão, observando que tenha tempo, estabelecer uma nova tarefa de forma a garantir que o cliente compreenda bem a sua razão, e, colaborativamente, contribuir para ela. Assim, quanto mais a tarefa é personalizada de acordo com as preferências do cliente, mais ele assume o controle da tarefa, demonstrando motivação para a sua conclusão (WENZEL, 2019).

3. Diferentes populações e a prescrição da tarefa

Na TCC, a tarefa de casa difere de pessoa para pessoa. Existem alguns aspectos que o terapeuta deve observar em relação às populações que serão citadas a seguir. Apontamos de forma breve a atribuição da tarefa com crianças, clientes com transtornos ansiosos e depressivos e em uso de fármacos. Convém ressaltar que não se pretende aqui esgotar o assunto, recomendando outras leituras.

Na atribuição das tarefas para crianças, segundo Stallard (2010), se faz necessário assegurar que elas consigam entender sua aceitação e sua importância, além de observar se o que foi proposto não é difícil demais, ou se ainda a maneira como foi apresentada é atraente. Recursos como as novas tecnologias podem ser mais atrativos. Deve-se considerar também em alguns casos a ajuda de um adulto, levando-se em conta a dificuldade da tarefa ou idade da criança, suas habilidades verbais e cognitivas. É o que apontam Friedberg e McClure (2019): em certos casos as tarefas podem ser divididas gradualmente, indo das tarefas simples às mais complexas. Aliás, esse é um construto na abordagem da TCC, a atribuição de tarefas graduais, em que o cliente inicia das atividades mais simples para as mais complexas, como afirmam Beck (2013) e Wenzel (2018).

Considerando os transtornos de ansiedade, Clark e Beck (2012) mencionam que esses clientes muitas vezes têm dificuldades em preencher formulários, escrever sobre os pensamentos ansiosos. Eles podem apresentar resistência em realizar o automonitoramento, com o receio de que a ansiedade piore. Os autores propõem que a tarefa possa ser dividida em passos, de maneira a trabalhar as crenças errôneas, identificando e reestruturando-as gerando interpretações alternativas. Nesse sentido, a psicoeducação pode promover a diminuição dos fatores mantenedores da ansiedade (a luta, a evitação e a supercompensação).

Em relação aos transtornos depressivos, Wright *et al.* (2012) sugerem que estratégias comportamentais podem ajudar esses clientes, tendo como objetivo tarefas que aumentem a sensação de prazer, que auxiliem a diminuir o tempo sozinho, aumentem comportamentos mútuos nas relações interpessoais, que adicionem a capacidade de conclusão de tarefas, principalmente as atividades de vida diária.

Outro aspecto importante é considerar os clientes que fazem uso de fármacos. Sudak (2012) menciona que em muitos casos existem problemas de atenção e memória, logo, eles precisam ser lembrados verbalmente e por escrito sobre suas medicações. Enfatiza também a participação ativa dos familiares ou outras pessoas que acompanham os clientes, no esforço de garantir que a medicação seja tomada. Ressalta ainda o papel importante da tarefa, afirmando que a sua execução e conclusão e participação em atividades prazerosas, é fundamental para o cliente que não está funcionando bem.

4. Problemas na realização das tarefas

Embora os clientes aceitem o termo "tarefa de casa", alguns autores sugerem que ele pode evocar memórias de reações negativas durante o período escolar e consequentemente gere problemas na adesão. Dessa forma, Andretta e Oliveira (2011) propõem "exercícios entre sessões", "tarefas terapêuticas", "atividades para a semana". De acordo com Beck (2011), "exercício de autoajuda", "plano de bem--estar", "extraterapia", "aprimoramento". Dattilio (2011) "dever" ou "experimento". Já Wright, Basco e Thase (2018) propõem substituir por "exercício", "experimento de autoajuda".

Nem sempre os clientes conseguem realizar as tarefas, ou apresentam dificuldades e problemas. De acordo com Wenzel (2018), ainda quando há o envolvimento ativo na terapia, não é incomum que os clientes não cumpram ou o façam de maneira parcial a tarefa de casa. Na tabela 2, apresentamos algumas sugestões sobre o assunto.

Tabela 2 – Evitando problemas na adesão/realização das tarefas

1. A tarefa é feita de maneira colaborativa junto com o cliente. Solicite sua contribuição;
2. Procure ensaiar a tarefa durante algum momento da sessão, para que o cliente possa entender o que é proposto;
3. Revise a tarefa na sessão seguinte, discutindo-a. Valorize o esforço do seu cliente;
4. Anote a revisão da tarefa para não esquecer (isto ajuda terapeuta e cliente);
5. Junto com o cliente, descubra qual termo ele se sente mais a vontade para denominar as práticas que deverão acontecer entre as sessões, de forma que não evoque reações aversivas à tarefa;

Fonte: Adaptado de Wright, Basco e Thase (2018).

Existem tanto fatores internos quanto externos que surgem como barreiras para o não cumprimento da tarefa de casa, conforme sugerem Tang e Kreindler (2017). Alguns dos fatores internos identificados são: a falta de motivação para modificar situações ao experimentar sentimentos negativos, não conseguir identificar pensamentos automáticos, desconsideração da importância tarefa de casa e o imediatismo. Já os fatores externos identificados incluem: os formatos de tarefa de casa no papel e caneta, a dificuldade de realizar a tarefa devido ao tempo, não entendimento do fim da tarefa, falta de instrução.

Wright, Basco e Thase (2018) indicam duas possibilidades pelas quais elas não são realizadas: uma delas é o terapeuta e a outro o cliente. Para eles, podem existir problemas com a técnica que o terapeuta utiliza, desde não preparar o cliente suficientemente bem, até sugerir tarefas difíceis ou fáceis, remetendo ao sentimento por parte do cliente de que não é útil. Em relação aos clientes, situações como esquecimento, pouca energia, motivação, dificuldades com concentração ou atitudes negativas podem afetar a realização da tarefa.

Dobson e Dobson (2011) pontuam alguns desses problemas com a tarefa. Em relação aos clientes: alguns são desorganizados, vindo a perder ou esquecer a tarefa; o mesmo ocorre com aqueles com problemas na concentração ou memória; a não realização também pode estar envolvida com a ansiedade sobre julgamento social, baseado no medo de uma avaliação negativa por parte do terapeuta; eles podem se desestimular, sentindo-se fracassados, gerando não tentativas seguintes; e, finalmente, os autores indicam como fator importante, identificar se os clientes não estão passando por um problema interpessoal tal qual um transtorno do Eixo II do *Manual Diagnóstico e Estatístico de Transtornos Mentais* (DSM-V),[2] o que pode gerar resistência à tarefa.

Em relação às dificuldades por parte dos terapeutas, Dobson e Dobson (2011) recordam que somos afetados pelo nosso trabalho, e orientam que apliquemos intervenções cognitivo-comportamentais em nós mesmos, além de buscar apoio nas supervisões. Dentre alguns problemas citados estão: dificuldades na adesão ao modelo cognitivo--comportamental; a chamada síndrome do terapeuta impostor, onde há dúvidas sobre a sua capacidade de ajudar as pessoas; estresse e ansiedade, e finalmente fadiga e esgotamento do profissional.

Beck (2011) cita as cognições interferentes, que se apresentam enraizadas e rígidas, afetam o não cumprimento das tarefas e consequentemente na resolução de problemas. São as crenças sobre: regra condicional, o processo terapêutico, de desamparo ou fracasso, sobre sentir-se melhor ou ficar bom. Para cada uma delas Beck (2011) sugere que os terapeutas identifiquem as crenças-chave com seus clientes essas cognições interferentes, discutindo respostas adequadas e solicitando um *feedback*, além de ser útil anotar as conclusões. Aqui mais uma vez, a psicoeducação tem papel fundamental, permitindo que o cliente entenda os fatores que estão impedindo a mudança.

---

[2] Alguns dos transtornos do Eixo II: Transtorno de Personalidade Borderline, Retardo Mental, Transtorno de Personalidade Esquizoide, Transtorno de Personalidade Antissocial e Transtorno de Personalidade Narcisista.

O importante é que, diante da não realização e das dificuldades ou problemas encontrados, o terapeuta possa utilizar isso como oportunidade de aprendizado e que possam servir para intervenções. Dessa forma, o terapeuta pode ajudar o cliente a identificar o que interfere na realização da tarefa (WRIGHT; BASCO; THASE, 2018).

5. Considerações finais

A tarefa de casa constitui-se em uma aliada importante para o progresso do cliente, através de práticas entre as sessões daquilo que este aprende nas consultas. Está atrelada ao conceito de empirismo colaborativo, no qual terapeuta e cliente trabalham em conjunto, de forma a atingirem as metas originadas no início da relação terapêutica e ajudando o cliente a ser seu próprio terapeuta. Consolidando assim, as mudanças cognitivas, emocionais e comportamentais (WENZEL, 2019).

Como citado pelos autores Clark e Beck (2012), a adesão às tarefas é um ponto chave importante no processo de mudança efetivo para o cliente. Porém, o não envolvimento com a tarefa é a principal causa de os clientes não progredirem. Portanto, a tarefa não é opcional, mas parte essencial e central na TCC.

O presente capítulo não teve a pretensão de apresentar todas elas, nem de procurar soluções simplistas. Assim, recomendamos as leituras aqui referenciadas para auxiliar nas estratégias e resoluções. Nosso objetivo foi o de organizar o conhecimento disponível na literatura da TCC.

Referências

AMERICAN PSYCHIATRIC ASSOCIATION (APA). *Manual Diagnóstico e Estatístico de Transtornos Mentais (DSM-V)*. Porto Alegre: Artmed, 2014.

ANDRETTA, Ilana; & OLIVEIRA, Margareth. (Orgs.). *Manual prático de terapia cognitivo-comportamental*. São Paulo: Casa do Psicólogo, 2011.

BECK, Judith S. *Terapia Cognitivo-Comportamental*: teoria e prática. 2, ed. Porto Alegre: Artmed, 2013.

BECK, Judith S. *Cognitive Therapy for Challenging Problems*: What to Do When the Basics Don't Work. The Guilford Press, 2011.

CLARK, David; & BECK, Aaron. *Terapia Cognitiva para os Transtornos de Ansiedade*: tratamentos que funcionam: guia do terapeuta. Porto Alegre: Artmed, 2012.

DATTILIO, Frank M. *Manual de terapia cognitivo-comportamental para casais e famílias*. Porto Alegre: Artmed, 2011.

DOBSON, Deborah; & DOBSON, Keith. *A terapia cognitivo-comportamental baseada em evidências*. Porto Alegre: Artmed, 2011.

FRIEDBERG, Robert; & MCCLURE, Jéssica M. *A prática clínica de terapia cognitiva com crianças e adolescentes*. 2. ed. Porto Alegre: Artmed, 2019.

NEENAN, Michael; & DRYDEN, Windy. *Cognitive Therapy*: 100 key points and techniques. 100 Key Points and Techniques Series Editor: Windy Dryden. 2. ed. Ondon and New York: Routledge Taylkor and Francis Group, 2015.

RANGÉ, Bernard. *Psicoterapias Cognitivo-Comportamentais*: um diálogo com a Psiquiatria. 2. ed. Porto Alegre: Artmed, 2011.

RONEN, Tammie; & FREEMAN, Arthur. *Cognitive Behavior Therapy in Clinical Social Work Practice*. 2. ed. New York: Springer Publishing Company, LLC, 2017.

STALLARD, Paul. *Ansiedade*: Terapia Cognitivo-Comportamental para crianças e jovens. Porto Alegre: Artmed. 2010.

STRUNK, Daniel R.; & CONKLIN, Laren R. A Session-to-Session Examination of Homework Engagement in Cognitive Therapy for Depression: Do patients experience immediate benefits? 2015. Disponível em: https://www.sciencedirect.com/science/article/abs/pii/S0005796715300036?-via%3Dihub. Acesso em: 20 jun. 2022.

SUDAK, Donna M. *Combinando terapia cognitivo-comportamental e medicamentos*: uma abordagem baseada em evidencias. Porto Alegre: Artmed, 2012.

TANG, Wei; & KREINDLER, David. Supporting Homework Compliance in Cognitive Behavioural Therapy: Essential Features of Mobile Apps. *JMIR Ment Health*, v. 4, n. 2, 2017. Disponível em: https://mental.jmir.org/2017/2/e20/. Acesso em: 20 jun. 2022.

WENZEL, Amy. *Inovações em terapia cognitivo-comportamental*: intervenções estratégicas para uma prática criativa. Porto Alegre: Artmed, 2018.

WENZEL, Amy. *Cognitive Behavioral Therapy for Beginners*: an Experiential Learning Approach. Routledge, 2019.

WENZEL, Amy; DOBSON, Keith; & HAYS, Pamela. *Cognitive Behavioral Therapy Techniques and Strategies*. American Psychological Association., 2016.

WRIGHT, Jesse; BASCO, Mônica; & THASE, Michael. *Aprendendo a terapia cognitivo-comportamental*: um guia ilustrado. 2. ed. Porto Alegre: Artmed, 2018.

WRIGHT, Jesse *et al*. *Terapia Cognitivo-Comportamental de alto rendimento para sessões breves*: guia ilustrado. 2008.

3. A interlocução da Psicologia econômica com a Terapia Cognitivo-Comportamental nos transtornos de controle de impulso

Sara Carlos da Silva

1. Introdução

Falar de Psicologia Econômica é algo que ainda causa estranheza para muitas pessoas. A Psicologia Econômica se propõe a estudar o comportamento econômico de indivíduos ou grupos com foco na tomada de decisão objetivando os processos cognitivos e emocionais envolvidos nesta ação tão recorrente (FERREIRA, 2007).

Toledo (2017) coloca que para sobreviver e até adaptar-se a cultura do consumo instalada na sociedade, algumas pessoas tornam-se vulneráveis ao processo de compra compulsiva, desencadeando compras não planejadas com baixa avaliação das consequências. No *Manual Diagnóstico e Estatístico de Transtornos Mentais* (DSM-V), a compulsividade por comprar não entra com diagnóstico específico; já no DSM-IV, ela era classificada como uma patologia dos Transtornos de Controle dos Impulsos, o que deixa clara a complexidade da questão (APA, 2014).

A compra compulsiva pode instalar-se por existir um sistema de recompensa, ou seja, o próprio prazer, como se fosse uma forma distorcida de aliviar ou encarar a tensão. Tal sistema comportamental pode ser motivado por sentimentos negativos, resultando na vontade de comprar. A compra em si ameniza estes sentimentos ou os substitui por prazer e euforia. O comprar compulsivo ainda pode estar alinhado à ideia de felicidade como se a aquisição fosse culminar em um sujeito feliz (BRANDTNER; SERRALTA, 2016).

A compulsão por compras pode aparecer associada a outros transtornos, como o transtorno de humor, a ansiedade e o uso de substâncias químicas. No Brasil, destaca-se um programa desenvolvido por Filomensky e Tavares (2009), em que o objetivo do grupo foi identificar e modificar padrões cognitivos que influenciam o comportamento da compulsão por compras, além de promover a dessensibilização voltada às situações de alto risco. O estudo teve como foco a reestruturação cognitiva de crenças ligadas à compulsão por compras.

Segundo o Serviço de Proteção ao Crédito brasileiro, 8 a cada 10 pessoas inadimplentes sofrem impacto emocional negativo, como ansiedade e outros distúrbios, por não conseguirem quitar suas dívidas. Dos entrevistados, 63% relataram sintomas de ansiedade, 43% alteração do sono e 25% passaram a comprar ainda mais. Quando a pessoa está submetida a grande carga de distresse (situações e acontecimentos que causam sofrimento), fica mais ansiosa, tensa, preocupada e dispersa, o que ocasiona uma relação mais displicente com o dinheiro (BRASIL, 2019).

Diante de tal cenário, faz-se necessário compreender a interlocução entre Psicologia e as decisões econômicas, principalmente no que tange os transtornos de controle de impulso. No nentame de elucidar o que aborta tais decisões econômicas e como pode ser melhor administrada, a interlocução foi feita por meio da revisão da literatura.

2. Panorama histórico

O brasileiro começa a despertar-se para a educação financeira somente com o plano real. Era mais uma tentativa para tirar o país de um caos financeiro que assolava as pessoas, nossa décima moeda, com políticas mais eficientes e eficazes, no que concerne às finanças. Talvez por isso não surpreenda que os estudos sobre o comportamento econômico de indivíduos e grupos mostrem um processo lentificado de desenvolvimento no país (MANFREDINI, 2007).

Klainer (2002) destaca que esses estudos vêm crescendo cada vez mais, (considerando esse tema ainda como um tabu na nossa sociedade), uma vez que as decisões econômicas sejam mais recorrentes do que a quantidade de vezes que nos alimentamos. O que não deveria ocorrer visto que os estudos poderiam auxiliar na compreensão da experiência humana nos diversos contextos econômicos e sociais.

Alguns pressupostos teóricos sobre a Psicologia Econômica nos remetem aos estudos de Gabriel Tarde (1881), outro teórico importante ao abordar as leis da imitação. Para muitos, esses estudos fundamentam a chamada Psicologia Econômica, ainda que o título de pai da Psicologia Econômica moderna seja dado a Katona (ganhador do prêmio Nobel de Economia em 1978). Em 1952, Henry Markowitz criou o modelo para a otimização de carteiras, responsável pelo seu prêmio Nobel em Economia anos mais tarde – neste momento, ocorre o desenvolvimento do índice de sentimento do consumidor (FERREIRA, 2007).

Em 1978, ocorre o desenvolvimento da Teoria da Racionalidade Limitada, de Herbert A. Simon, com o objetivo de entender os aspectos envolvidos na tomada de decisão, baseado na limitação de informação do indivíduo. Mais recentemente, em 2002, Daniel Kahneman e Amos Tversky desenvolveram a teoria do prospecto, buscando compreender o modo pelo qual as pessoas tomam determinada decisão em alternativas a situações que envolvem decisões de alto risco (FERREIRA, 2007).

O caminho percorrido até o momento envolve não somente os conhecimentos em economia ou finanças, mas também os aspectos cognitivos e emocionais que interferem no processo de tomada de decisão, visto que a realidade é percebida de diferentes maneiras, dependendo da imersão do indivíduo em cada situação. Assim, as emoções surgem como um elemento importante do comportamento de tomada de decisão e por isso a Psicologia e seus estudos passam a ter grande importância (ESPINOZA, 2004).

Entre as diversas teorias utilizadas para entender o comportamento humano vale destacar que a Terapia Cognitivo-Comportamental (TCC), que surgiu com Aaron T. Beck no início nos anos de 1960, é uma proposta que tem origem na Terapia Comportamental. Negrelli (2019) explica que, em um tratamento que tem como alicerce a TCC, é necessário um trabalho profundo na tríade cognitiva: as crenças sobre si, sobre as outras pessoas e sobre o mundo.

É importante entender a forma de pensamento, pautada na crença e no padrão comportamental de cada pessoa. A capacidade de análise do pensamento é importante ao possibilitar a mudança dos pensamentos e das crenças distorcidas, modificações necessárias para alteração efetiva no sistema emocional e nos comportamentos emitidos (NEGRELLI, 2019).

3. Interlocução com a Terapia Cognitivo-Comportamental

Como o dinheiro constitui parte significativa da vida do sujeito, torna-se importante compreender como os fenômenos econômicos influenciam na vida dos indivíduos e como seus comportamentos podem ser determinantes no planejamento financeiro. Existem diversos instrumentos que facilitam esse processo envolvendo a Psicologia Econômica, e entre os internacionalmente conhecidos estão: *The Modified Semantic Differential* (Diferencial Semântico Modificado), *The Money Attitude Scale* (Escala de Atitudes para Dinheiro), *Money Beliefs and Behaviour Scale* (Escala de Crenças e Comportamentos Monetários) e *The Money Ethic Scale* (Escala Ética do Dinheiro) (MOREIRA, 2002).

No Brasil, a Escala de Significado do Dinheiro (ESD), desenvolvida por Moreira e Tamayo, foi construída inicialmente com nove fatores, três indicadores: o que as pessoas acreditavam que deveria ser levado em conta em uma pesquisa sobre o significado do dinheiro; significado do dinheiro para cada participante da pesquisa; e fatores que os participantes acreditavam ter influência sobre o significado do dinheiro para as pessoas em geral. Surgiram afirmações como: "Dinheiro lembra dívidas"; "Dinheiro provoca angústia"; "Dinheiro é uma coisa complicada"; "Dinheiro garante prosperidade"; "Dinheiro lembra contrastes sociais", entre outros (MOREIRA; TAMAYO, 1999).

No ano seguinte à construção da escala, Moreira faz uma nova revisão e propõe seis fatores: transcendência (capacidade do dinheiro em deixar o mundo melhor), altruísmo (boas ações as quais o dinheiro pode promover), harmonia (promoção do bem-estar e de bom humor), desigualdade (dinheiro subsidia a injustiça), conflito (desordem nas relações) e sofrimento (dinheiro como gerador de depressão e sentimento de impotência). Deste modo, o conceito do dinheiro passa da ideia de troca para a ideia de influência nas relações sociais, na autoestima, na percepção de status e na sensação de poder (SILVA, 2011).

No que concerne à autoestima, diante da perda financeira, algumas pessoas poderiam simplesmente rejeitar o problema para manter sua posição social, enquanto outras adotariam ações rápidas para minimizar os impactos do prejuízo mesmo que isso colocasse em risco sua autoimagem. Muitas vezes, para preservar sua imagem e autoestima, as pessoas podem delongar os problemas financeiros como um empresário que se mantém no cargo por um longo período mesmo não conseguindo mais contornar a situação de dívidas assim ele perdura com sua imagem social e status. A autoeficácia (julgamento do sujeito em sua capacidade) foi outra relação encontrada entre dinheiro e fatores psicológicos (SILVA, 2011).

O dinheiro é percebido como positivo ou negativo de acordo com as metas pessoais e o desenvolvimento financeiro de cada um, logo, se a pessoa possui com relação ao dinheiro, sentimentos e pensamentos de progresso, boa administração, entre outros, ela aciona sua autoeficácia (julgamento do sujeito em sua capacidade). E, ainda como fator psicológico relacionado ao dinheiro, o *locus* de controle, resultados ou recompensas provenientes da própria ação da pessoa ou não, uma pessoa pode não se dedicar à sua organização financeira por acreditar que é difícil se proteger das leis que são aprovadas, ou que prosperidade financeira está relacionada à sorte ou ainda, que está à mercê de pessoas mais poderosas (SILVA, 2011).

Os pesquisadores de Psicologia Econômica ainda identificam dois sistemas envolvidos no processo de tomada de decisão: o Sistema 1, que é intuitivo, e o Sistema 2, que é deliberado. O Sistema 1, intuitivo, ocorre sem esforço e independe da vontade do indivíduo, é fortemente apoiado em associações responsáveis por operações rápidas e automáticas. Esse Sistema, ao mesmo tempo em que auxilia poupando energia, também pode levar a decisões erradas, tendo em vista sua característica de curto prazo, não permitindo análise das consequências (FERREIRA, 2014).

O Sistema 2 é mais lento, pois envolve reflexão, controle e flexibilidade, estando atrelado ao raciocínio, logo depende de uma ação voluntária, necessitando de atenção e reflexão analítica, o que dificulta comportamentos impulsivos de fazer diversas atividades simultaneamente. Esse Sistema permite executar as duas com excelência, é responsável pelo planejamento e considera o longo prazo (mesmo que fiquem somente no sentido potencial). Apesar dessas características, o Sistema 1 costuma ser o executor, logo, necessita ser "educado" com informações como vieses, heurísticas e auxiliado pelo Sistema 2; os vieses e heurísticas podem remeter a falta de precisão, ou seja, são armadilhas cognitivas e emocionais, simplificam e agilizam a tomada de decisão, mas podem levar ao erro. (FERREIRA, 2014).

As heurísticas são como uma tendência do humano em aplicar aspectos pessoais, como preferências, experiências, gostos, no processo de aquisição e seleção das informações, elas se tornam úteis quando decisões rápidas são necessárias, e também se tornam limitantes por utilizar padrões para transformar aspectos complexos em aspectos mais simples, por exemplo, assim, as pessoas podem tirar conclusões baseadas em pouca ou nenhuma informação. Uma pessoa pode então concluir que para ganhar dinheiro tem que investir em empresas grandes deste modo, cairia no erro que os vencedores sempre serão vencedores (MACHADO, 2018).

Os enganos cometidos pelo Sistema 1 estão envolvidos em todas as etapas do processo de decisão. Dentre os erros sistemáticos advindos das heurísticas e vieses podemos destacar: otimismo excessivo atrelado à autoconfiança exagerada (indivíduo acredita que está acima da média), avaliação de risco e aversão à perda (não percebe os riscos e tenta evitar a perda), desconto hiperbólico subjetivo do tempo (crença na própria capacidade futura), contabilidade mental (diferentes tratos com o dinheiro), ancoragem (parâmetros), enquadramento (a reação às informações dependem de como elas são apresentadas) (FERREIRA, 2014).

Esses vieses podem remeter à falta de precisão, ou seja, são armadilhas cognitivas e emocionais. Já as heurísticas simplificam e agilizam a tomada de decisão, mas podem levar ao erro. Existem três grandes grupos de heurística: 1 – representatividade: avaliação da probabilidade de um evento pertencer a uma classe, podendo fazer a descrição de uma pessoa e baseado nos estereótipos que possuímos deduzimos sua profissão, nível de renda; 2 – disponibilidade de eventos ou cenários: facilidade com que alguns eventos semelhantes surgem, se a pessoa perdeu dinheiro com investimento, ao ser questionado sobre o assunto poderá dizer que não vale a pena, tem mais riscos do que benefícios; 3 – ajustamento (adaptação) e ancoragem: um ponto de partida para que estimativas sejam feitas, ao entrar em uma loja você encontra o preço antigo e o novo da promoção então você tem uma referência para avaliar se vale a pena ou não aquela compra (FERREIRA, 2008).

Portanto, tendo as decisões econômicas diversos aspectos psicológicos, a TCC poderá ser uma aliada para a compreensão do padrão de funcionamento das pessoas, assim como poderá ter suas técnicas implantadas como auxiliadoras no processo de conscientização e na transformação desses padrões considerando a inter-relação entre cognição, emoção e comportamento como determinante no funcionamento do sujeito (KNAPP et al., 2004).

Ferreira (2020) lembra que todas as experiências passadas influenciam nas emoções e nos comportamentos, portanto, os acontecimentos em si não são geradores dos pensamentos distorcidos, e sim a percepção que a pessoa tem da situação, ou seja, como ela avalia cada acontecimento. Deste modo, algumas estratégias de psicoterapia são importantes. No grupo de Filomensky e Tavares (2009) foi utilizado a psicoeducação (modelo cognitivo comportamental, avaliação de pós e contras das compras, diferenciar a compulsão do comprar por necessidade, compreensão sobre economia doméstica, planejamento financeiro), prevenção à recaída, resolução de problemas (lidar com pensamentos e sentimentos negativos).

Sendo assim, é possível pensar em uma pessoa que desde pequena escuta dos pais que dinheiro é a raiz de todo mal, gerando insegurança financeira. Ao receber uma promoção, ela pode pensar: "Eu não conseguirei administrar mais isso, mais dívidas virão!", dentre outras previsões negativas. Por sua vez, tais pensamentos podem desencadear reações como: sudorese, taquicardia, respiração ofegante, entre outros. Seu comportamento poderá ser negar a promoção, ou aceitá-la e logo sair para comprar roupas para o novo cargo, o que provocaria um alívio momentâneo e a diminuição dos sintomas.

O exemplo acima evidencia a presença dos pensamentos automáticos (que são ativações não voluntárias na tentativa do alívio das situações conflitivas), originados dos esquemas (princípios de pensamentos que se desenvolvem desde a infância, responsáveis por selecionar como as novas experiências serão assimiladas), os esquemas possuem conteúdos (crenças centrais ou nucleares são incondicionais; ideias e conceitos enraizados sobre nós, as pessoas e o mundo). É a ativação das crenças que determinará como cada experiência ou situação será interpretada (FERREIRA, 2020).

A dificuldade em quadros assim está no fato de não serem quadros clássicos psiquiátricos, mas envolverem comportamentos presentes corriqueiramente. No entanto, tratando-se de controle dos impulsos, existe diminuição ou ausência de controle, ocasionando alterações qualitativas. O transtorno de controle do impulso é uma forma primária de fugir de situações estressantes ou desagradáveis: a princípio são gratificantes, mas acabam por influenciar no dia a dia e no planejamento ou falta dele. Uma incapacidade em resistir ao impulso provocando alívio momentâneo e culpa ou remorso posteriormente, um comportamento crônico e repetitivo que provoca prejuízos incitados por eventos ou sentimentos negativos (FABER; O'GUINN *apud* TAVARES, 2008).

Algumas pessoas sentem culpa após alguma situação de gasto financeiro, e compreender o que motiva as decisões pode ser extremamente importante, e, assim, utilizar-se da parte transversal da formulação de conceituação de caso (formulação ABC) pode ser útil. Neste caso, é relacionando o evento, os pensamentos automáticos, as emoções e o comportamento, objetivando ações mais efetivas para promoção da mudança desejada, visto que o gasto financeiro pode gerar prazer imediato, podendo levar a compras impensadas ou impulsivas (WRIGHT; SUDAK; THASE, 2012).

Desenvolver-se com equilíbrio nas diferentes áreas que permeiam o humano é quase um desafio, ainda mais na sociedade de excessos (informação, cobrança, pressão) em funcionamento podendo gerar descontrole dos impulsos assim como, ansiedade e depressão. O adulto possui necessidades que diferem, e que assemelham as de uma criança como apoio, aceitação e empatia (PAPALIA; OLDS; FELDMAN, 2006).

A ansiedade pode ser entendida como humor negativo, evidenciada pela preocupação antecipatória. Provoca alterações como: aumento da frequência cardíaca, sudorese, tremores e desmaios impaciência, frustração, nervosismo e irritabilidade, falta de concentração, hipervigilância, memória deficiente, distorções cognitivas e medo, fuga, esquiva, agitação, busca de segurança e dificuldade para falar (CLARK; BECK, 2012; BARLOW; DURAND, 2011; APA, 2014).

A relação imprecisa com o dinheiro é um dos agravantes da ansiedade, ao mesmo tempo em que os problemas financeiros a potencializam, muitas vezes busca-se o gasto financeiro para "compensar" a ansiedade, gerando um ciclo vicioso ou levando a depressão. A relação entre ansiedade e consumo ocorre pela troca de emoções negativas por emoções positivas como uma forma de compensação (FELIPE *et al.*, 2017). A depressão seria como um período o qual o indivíduo acometido passa a procurar um lugar para se proteger da realidade que lhe causa tanto sofrimento (BERLINCK; FÉDIDA, 2000).

Uma das técnicas da TCC que poderá ser utilizada é o questionamento socrático, como uma possibilidade da pessoa em psicoterapia tomar consciência de seus próprios pensamentos e também, suas crenças distorcidas objetivando modificá-los. Uma técnica semelhante é a "descoberta guiada", baseada em questionamentos para estimular a emoção, focado em situações definidas (SANTOS; MEDEIROS, 2017).

Outra técnica que pode ser uma alternativa na área da Psicologia Econômica é o registro de pensamento disfuncional (RPD), pois permite rastrear os pensamentos envolvidos em cada comportamento. Assim, a pessoa consegue encontrar, desmistificar e modificar significados disfuncionais e progride para um processo mais racional. A técnica torna-se importante principalmente nas pessoas que buscam uma melhor relação com suas finanças, mas apresentam ansiedade e depressão, visto que o RPD permite arranjo de outras possibilidades cognitivas ao ampliar os pensamentos para pensamentos alternativos (ASSUNÇÃO; DA SILVA, 2019).

As técnicas de relaxamento e respiração também se mostram importantes no controle de sintomas de ansiedade ao colocar a pessoas como aquele que controla a situação e não como agente passivo. A técnica escolhida dependerá do objetivo a ser alcançado. Das técnicas utilizadas na TCC, talvez essas sejam as técnicas mais conhecidas pelas diferentes áreas. (ASSUNÇÃO; DA SILVA, 2019).

A higienização do sono também pode ser uma técnica aliada, pois os hábitos de sono interferem na qualidade do sono e diretamente nos sintomas de estresse, ansiedade e depressão (PINTO *et al.*, 2012). A psicoeducação aparece como técnica fundamental por instruir a pessoa em relação à sua condição e características comportamentais por meio de instrumentos psicológicos e pedagógicos (LEMES; NETTO, 2017).

4. Considerações finais

Pensar em Psicologia Econômica é pensar na história de vida da pessoa, na sua percepção de mundo e na apropriação das experiências que o afeta direta e indiretamente, é, então, um aprofundamento no autoconhecimento, na melhora da autoestima e na regulação emocional. É importante, ainda, conhecer e agir sobre as crenças que movem cada comportamento e entender as emoções que são força motriz para cada um deles.

Sendo assim, faz parte da interlocução entre Psicologia Econômica e TCC o ressignificar, visto que não se limita à presença ou ausência de um ou mais transtornos, mas a um contexto multifacetado que exige o olhar atento em diferentes possibilidades de atuação com a pessoa que busca a psicoterapia.

A TCC proporciona o olhar para dentro ao passo que permite a autopercepção das ações e o aprofundamento de suas motivações e alicerces, assim como ajuda na adequação dos níveis de fatores que poderão auxiliar ou funcionam como obstáculo nas decisões financeiras e no controle de financeiro das pessoas em tratamento.

A complexidade do que envolve a relação das pessoas com o dinheiro e o que as leva a tomarem as decisões econômicas faz com que o tema seja cada vez mais objeto de pesquisa de diferentes autores.

Deste modo, é importante perceber que não basta somente conhecimento sobre finanças, é essencial se conhecer e se perceber na relação financeira para que possa ocorrer uma mudança efetiva e duradoura nos padrões estabelecidos pela história pregressa.

Referências

AMERICAN PSYCHIATRIC ASSOCIATION (APA). *Manual Diagnóstico e Estatístico de Transtornos Mentais (DSM-V)*. Porto Alegre: Artmed, 2014.

ASSUNÇÃO, W. C.; & DA SILVA, J. B. F. Aplicabilidade das técnicas da terapia cognitivo comportamental no tratamento de depressão e ansiedade. *Educação, Psicologia e Interfaces*, v. 3, n.1, p. 77-94, 2019.

BARLOW, D. H., & DURAND, V. M. Psicopatologia: uma abordagem integrada. 4. ed. Cengage Learning Brasil, 2011.

BERLINCK, M. T.; & FÉDIDA, P. A clínica da depressão: questões atuais. 2000. Disponível em: http://www.scielo.br/pdf/rlpf/v3n2/1415-4714-r-lpf-3-2-0009.pdf. Acesso em: 20 jun. 2022.

BRANDTNER, M.; & SERRALTA, F. B. Terapia Cognitivo Comportamental para Compras Compulsivas: Um Estudo de Caso Sistemático. *Psicologia: Teoria e Pesquisa. Brasília*, v. 32, n. 1, p. 181-188, 2016. Disponível em: https://revistaptp.unb.br/index.php/ptp/article/view/2116/825. Acesso em: 20 jun. 2022.

BRASIL. *Consequências da inadimplência. Serviço de proteção ao crédito – SPC.* 2019. Disponível em: https://www.spcbrasil.org.br/pesquisas/. Acesso em: 20 jun. 2022.

CLARK, D.A., & BECK, A.T. *Terapia cognitiva para os transtornos de ansiedade.* Porto Alegre: Artmed, 2012.

ESPINOZA, F.S. O impacto de experiências emocionais na atitude e intenção de compra do consumidor. Dissertação (Mestrado em Administração) - Programa de Pós-Graduação em Administração, Universidade Federal do Rio Grande do Sul, Porto Alegre. 2004. Disponível em: https://lume.ufrgs.br/handle/10183/4275. Acesso em: 20 jun. 2022.

FELIPE, I. J. D. S.; CERIBELI, H. B.; & BRANDÃO, R. M. Antecedentes da Compra Compulsiva dos Universitários em Mariana (MG). *Revista Ciências Administrativas*, v. 23, n. 2, p. 322-335, 2017. Disponível em https://periodicos.unifor.br/rca/article/view/4138/pdf. Acesso em: 20 jun. 2022.

FERREIRA, VERA R. de M. *Psicologia Econômica*: origens, modelos, propostas. Tese (Doutorado) - Programa de Estudos Pós-Graduados em Psicologia Social, PUC-SP, São Paulo. 2007.

FERREIRA, VERA R. de M. *Econômica – estudo sobre comportamento econômico e tomada de decisão.* Rio de Janeiro: Campus/Elsevier. 2008.

FERREIRA, VERA R. de M. Psicologia econômica: trajetória histórica e rumos futuros. FGV EAESP - GVcef - 01º Encontro Brasileiro de Economia e Finanças Comportamentais. 2014. Disponível em http://bibliotecadigital.fgv.br/dspace/bitstream/handle/10438/18832/GVcef_Ferreira.pdf?sequence=1&isAllowed=y. Acesso em: 20 jun. 2022.

FERREIRA, W. J. Regulação emocional em terapia cognitivo-comportamental. *Pretextos – Revista da Graduação em Psicologia da PUC Minas*, v. 5, n. 9, p. 618-630, 2020.

FILOMENSKY, T.Z., & TAVARES, H. Cognitive restructuring for compulsive buying. *Rev. Bras. Psiquiatr.*, v. 31, n. 1, p. 77-78. 2009.

KLAINER, P. Y. Converse mais sobre dinheiro. *Revista Veja*, São Paulo: Abril, ano 35-1780/A, ed. especial n. 21, dezembro, 2002

LEMES, C. B.; & NETO, J. O. Aplicações da psicoeducação no contexto da saúde. *Temas psicol.* v. 25, n.1, 2017. Disponível em: http://pepsic.bvsalud. org/pdf/tp/v25n1/v25n1a02.pdf. Acesso em: 20 jun. 2022.

KNAPP, P. *et al.* Terapia Cognitivo-Comportamental na Prática Psiquiátrica. Porto Alegre: Artmed, 2004.

MACHADO, A. *A influência das heurísticas e vieses nos relatórios de recomendações dos analistas financeiros*: um estudo sobre as narrativas dos analistas e a possível reação do mercado acionário. 2018. Tese (Doutorado em Controladoria e Contabilidade) - Faculdade de Economia, Administração e Contabilidade de Ribeirão Preto, Universidade de São Paulo, Ribeirão Preto, 2018.

MANFREDINI, A. M. N. *Pais e filhos*: um estudo da educação financeira em famílias na fase de aquisição. Dissertação (Mestrado) - Programa de Estudos Pós-Graduados em Psicologia Social, PUC-SP, São Paulo, 2007. Disponível em: https://tede2.pucsp.br/handle/handle/15634. Acesso em: 20 jun. 2022.

MOREIRA, A. da S. Dinheiro no Brasil: um estudo comparativo do significado do dinheiro entre as regiões geográficas brasileiras. *Estud. psicol. (Natal)*, v. 7, n. 2, p. 379-387, 2002. Disponível em http://www.scielo.br/scielo.php?script=sci_arttext&pid=S1413-294X2002000200019&lng=pt&nrm=iso. Acesso em: 20 jun. 2022.

MOREIRA, A. S., & TAMAYO, A. Escala de significado do dinheiro: desenvolvimento e validação. *Psicologia: Teoria e Pesquisa*, 15(2), 93-105, 1999.

NEGRELLI, S. C. Terapia cognitivo comportamental e o tratamento do transtorno de ansiedade. *Revista uningá, [S.l.]*, v. 56, n. S1, p. 231-237, 2019. Disponível em: http://34.233.57.254/index.php/uninga/article/view/84. Acesso em: 20 jun. 2022.

PAPALIA, D. E.; OLDS, S. W.; & FELDMAN, R. D. *Desenvolvimento humano*. Porto Alegre: Artmed, 2006.

PINTO, T. R. et al. Hábitos de sono e ansiedade, depressão e estresse: Que relação? *Actas do 12º colóquio de psicologia e educação*. 2012. Disponível em: repositorio.ispa.pt/bitstream/10400.12/1616/1/CIPE%202012%20 990-1006.pdf. Acesso em: 20 jun. 2022.

SANTOS, C. E. M; & MEDEIROS, F. A. A relevância da técnica de questionamento socrático na prática Cognitivo-Comportamental. *Arch*

Health Invest, v. 6, n. 5, p. 204-208, 2017. Disponível em: <rchhealthin-vestigation.com.br/ArcHI/article/download/1940/pdf>. Acesso em: 20 jun. 2022.

SILVA, P. R. *Psicologia do risco de crédito*: análise da contribuição de variáveis psicológicas em modelos de credit scoring. Tese (Doutorado em Administração) - Faculdade de Economia, Administração e Contabilidade, University of São Paulo, São Paulo, 2011.

TAVARES, H. *et al.* Compras compulsivas: uma revisão e um relato de caso. *Rev. Bras. Psiquiatr.*, v. 30, supl. 1, p. S16-S23, 2008. Disponível em: <http://www.scielo.br/scielo.php?script=sci_arttext&pi-d=S1516-44462008000500004&lng=en&nrm=iso>. Acesso em: 20 jun. 2022.

TOLEDO, M. S. C. de. A cultura do consumo e o comportamento de compras compulsivo: uma análise integrativa da literatura. Monografia (Graduação em Psicologia) - Faculdade de Educação e Meio Ambiente – FAEMA, 2017. Disponível em: http://repositorio.faema.edu.br:8000/jspui/handle/123456789/1208. Acesso em: 20 jun. 2022.

WRIGHT, J. H.; SUDAK, Turkington, D. & THASE, M.E. *Terapia cognitivo-comportamental de alto rendimento para sessões breves*: guia ilustrado. Porto Alegre: Artmed. 2012.

4. A importância da regulação emocional em adolescentes com transtorno do espectro autista

Patrícia Cláudia Rodrigues
Patrícia Zogbi dos Santos
Kátia Massini Jorge

1. Introdução

As emoções são processos determinados biologicamente e fazem parte do sistema de processamento de informação dos indivíduos. Além de desempenhar um papel importante no cotidiano dos indivíduos, possibilita novos significados a partir da interação com o outro e com o meio. Na visão da abordagem cognitivo comportamental, saber identificá-las é fundamental para que se realizem mudanças relacionadas às metas e objetivos pessoais (LEAHY; TIRCH; NAPOLITANO, 2013). Gross e Thompson (2007) elucidam que emoção é um fenômeno multifacetado, ocorrendo por meio da avaliação e do significado que o indivíduo atribui à situação experimentada. Assim, para mudar as emoções é necessário mudar a avaliação da situação. Os autores supracitados ainda reiteram que emoções são flexíveis, fator esse que possibilita a regulação emocional.

A regulação emocional é uma habilidade que promove o desenvolvimento de interações sociais saudáveis além do manejo de comportamentos e expressão de sentimentos (MOCAIBER *et al.*, 2008). O desenvolvimento socioemocional tem suas bases em eventos de interação com o outro e o meio. Contudo, aliada à avaliação cognitiva inerente ocasiona disparos emocionais precursores de respostas comportamentais. Nesse sentido,

Lins *et al.* (2017) destacam que para o indivíduo conseguir manejar seu comportamento, ele precisa regular suas emoções. Especialmente quando ocorre o entendimento negativo de uma determinada pessoa, há conexão direta entre manifestação do comportamento com a regulação emocional da mesma.

Gross e McRae (2020) define a regulação emocional como a tentativa individual de influenciar as emoções em nós mesmos ou nos outros. Refere-se à capacidade de compreender e aceitar sua experiência emocional de modo a utilizar estratégias saudáveis para manejar as emoções quando necessário. Para tanto, a regulação emocional torna-se uma prática indispensável, visto que na vivência de cada cotidiano ocorre uma variedade de acontecimentos. Estes sofrem interferências cognitivas interpessoais, que por sua vez, eliciam novas emoções.

O autor ainda destaca que a regulação emocional ocorre por meio de um modelo processual, sendo esse: (1) Situação; (2) Atenção; (3) Avaliação (4) Resposta (emocional e comportamental). Esse processo é flexível, isto é, ao regular as emoções, de acordo com os objetivos e metas do sujeito acontecem mudanças no ambiente, cujos efeitos alteram a probabilidade de ocorrências das mesmas posteriormente. Por exemplo: um adolescente tem apresentação de um trabalho escolar para realizar (situação), direciona a atenção para o comportamento dos colegas nas carteiras da sala de aula (atenção), interpretam as conversas dos colegas como desprazer ou críticas a apresentação (avaliação), e passa a sentir-se inseguro, com medo, falta de ar e encerra a apresentação (resposta). Nesse sentido, quando o indivíduo não consegue desenvolver um repertório de regulação emocional, pode experimentar emoções excessivas e persistentes, capazes de interferir em sua rotina e nas relações interpessoais.

A capacidade de regular as emoções é essencial para um funcionamento mais adaptativo frente às situações e intercorrências cotidianas como consequência de expressão saudável das emoções e melhor manejo de condutas impulsivas. Ao regular-se, o sujeito desenvolve habilidades de manutenção, aumento e/ou redução de respostas emocionais, comportamentos, bem como compreensão das respostas fisiológicas que envolvem as emoções (STEFANO; CORRÊA, 2018). Entretanto, para que isso seja possível é importante que o indivíduo entenda e aceite sua experiência emocional, a fim de fazer uso de estratégias adequadas e saudáveis para o manejo dessas. Dentre as aquisições primordiais para um bom funcionamento está o aprendizado da regulação de respostas emocionais e comportamentos frente a diferentes eventos (LINS *et al.*, 2017).

A Terapia Cognitivo-Comportamental (TCC) tem apresentado resultados positivos acerca da eficácia no manejo da desregulação emocional, bem como aplicações de técnicas que ampliam o manejo dos transtornos emocionais. Sendo caracterizada como a dificuldade ou inaptidão na regulação das emoções e situações, a desregulação pode se manifestar de duas formas: ativação/aumento ou desativação das emoções, acarretando em prejuízos no convívio social, nas habilidades sociais, familiares e no desempenho acadêmico.

Diante da importância da regulação emocional no cotidiano de todos os indivíduos, este capítulo tem como objetivo discorrer através de uma pesquisa de caráter bibliográfico, sobre as contribuições da terapia cognitivo-comportamental na regulação emocional em adolescentes com Transtorno do Espectro Autista (TEA).

2. Desregulação emocional

Desregulação emocional é definida como uma inabilidade de manejar experiências e processar emoções. Tal dificuldade contribui para a intensificação das emoções (polarização, terror, senso de urgência), ou desativação, como ocorre na despersonalização e entorpecimento emocional (DAMÁSIO, 2013). A desregulação está atrelada a diversos transtornos psicológicos, como: transtorno de pânico, depressão, transtornos de personalidade e dependência química, bem como em transtornos do neurodesenvolvimento, como o Transtorno do Espectro Autista (TEA).

Bosa (2020) destaca que a regulação emocional no TEA se apresenta como importante ferramenta para controle dos impulsos, bem como para estratégias de enfrentamento. É fundamental que todo terapeuta possa auxiliar indivíduos atípicos a criarem estratégias de enfrentamento, fazer planos e conseguir resolver problemas que favoreçam uma maior flexibilidade cognitiva.

Contudo, indivíduos com TEA possuem prejuízos em habilidades, os quais acarretam em inflexibilidade e rigidez de comportamento, problemas comunicativos e dificuldades de interações sociais (DAPRETTO *et al.*, 2006). Mesmo os que possuem coeficiente cognitivo preservado, podem apresentar dificuldades com o manejo social, comunicação e comportamentos repetitivos, culminando em um aumento na dificuldade em manejar as emoções.

Diversos são os estudos que têm fornecido evidências de disfunções executivas no TEA (CHAN *et al.*, 2009). Tais indivíduos apresentam em situações cotidianas, como apresentações de trabalho ou qualquer vivência de exposição social, uma maior intolerância e menor habilidade para lidar com as emoções, as quais podem causar grande desconforto. Quando não conseguem desenvolver as habilidades de regulação emocional, tendem a experimentar intensas e frequentes emoções, o que pode acarretar prejuízos nas interações sociais (MARTINS *et al.*, 2014). Queixas, autocríticas, automutilação, esquivas, provocações, agressividade e ruminação são comportamentos que ocorrem em decorrência da desregulação emocional (LEAHY; TIRCH; NAPOLITANO, 2013). Assim, aprender a perceber, aceitar e manejar as situações rotineiras são passos relevantes para fortalecer o manejo do estresse e da ansiedade, as quais dificultam a regulação emocional.

3. A TCC e a regulação emocional

A TCC propõe uma inter-relação entre o pensamento, emoções e comportamento (MOCAIBER *et al.*, 2008). Por meio de suas intervenções, o terapeuta ensina ao cliente à regular suas emoções e, com isso, conquistar avanços significativos no que tange a qualidade de vida como um todo. Além disso, a TCC é uma abordagem rica e abrangente que auxilia o indivíduo a desenvolver estratégias e recursos que contribuem de forma eficaz na regulação emocional, culminando na melhora significativa do mesmo. O mesmo autor cita que as emoções são eliciadas a partir da forma como interpretamos as situações. Essas interpretações estão relacionadas às crenças do indivíduo acerca de si mesmo, do mundo e do futuro.

A reestruturação cognitiva (RC) como intervenção primordial na TCC tem como objetivo favorecer ao cliente a identificar e alterar os erros de processamento, que mantêm as crenças e os esquemas mal adaptativos (WILHELM *et al.,* 2010). A reestruturação cognitiva irá auxiliar o cliente a interpretar as situações de maneira mais adaptativa (LEAHY; TIRCH; NAPOLITANO, 2013). As distorções cognitivas nas pessoas com TEA, como inflexibilidade e hiperfoco (interesse restrito e persistente em algo), são um dos exemplos a serem pontuados na reestruturação cognitiva. De forma concomitante, estratégias de regulação da emoção também auxiliam no processo de reestruturação cognitiva. De acordo com essa premissa, é pertinente destacar que:

> As respostas emocionais e comportamentais, bem como a nossa motivação, não são influenciadas diretamente por situações, mas pela forma como processamos essas situações, por outras palavras, pelas interpretações que fazemos dessas situações ou pelo significado que lhes atribuímos. As interpretações, representações ou atribuições de significado, por sua vez, se refletem em pensamentos automáticos. (CARVALHO, 2014, p. 407)

Existe um conjunto de técnicas de regulação, utilizadas pela TCC, que servem como um suporte para um melhor manejo de clientes com diagnóstico de transtornos psicológicos (LEAHY; TIRCH; NAPOLITANO, 2013). Para Ferreira (2019), para que se consiga praticar regulação emocional, deve-se passar por são cinco etapas, são elas: (1) perceber o aparecimento da emoção e a necessidade de controlá-la, (2) identificar o fator desencadeador da emoção e o que é possível ser feito; (3) estabelecer metas e possíveis respostas para atingir essas metas; (4) avaliar os possíveis resultados, por fim (5) colocar em prática a resposta escolhida.

Ao contrário da regulação emocional, a supressão da resposta ou comportamento submete a uma tendência de repetição de padrões individuais. Ou seja, a emoção em si surge em outros comportamentos. Um exemplo desse modelo é um caso de um adolescente autista com dificuldades de apresentar trabalhos na frente dos colegas e continua ansioso em se socializar ou participar de um evento social.

Para Leahy, Tirch e Napolitano (2013), saber manejar as situações é uma forma de regulação emocional, para tanto pode ser praticada por meio de oito etapas: (1) confrontação, (2) distanciamento, (3) busca de autocontrole, (4) busca de apoio social, (5) aceitação de responsabilidade,

(6) fuga-esquiva, (7) resolução planejada dos problemas, (8) reavaliação. Assim, quando o sujeito é assertivo e busca por estratégias adaptativas para lidar com as emoções (exercícios de relaxamento, exercícios físicos, atividades prazerosas, meditação, entre outras), possivelmente não haverá uma intensificação excessiva das emoções.

É importante reiterar que o terapeuta cognitivo-comportamental trabalha com a psicoeducação das emoções. Quando o cliente compreende a importância do manejo das emoções durante o processo de psicoterapia, favorece tanto ao cliente quanto ao terapeuta em atenuar a intensidade emocional, bem como aumentar o repertório do cliente para lidar de forma mais assertiva em situações nas quais o ambiente elicie algum tipo de desregulação emocional.

4. Contribuições da TCC na regulação emocional do adolescente com TEA

O TEA, conforme o *Manual Diagnóstico e Estatístico de Transtornos Mentais* (DSM-V), diz respeito aos transtornos do neurodesenvolvimento, caracterizados por início precoce e curso crônico, afetando principalmente as habilidades na comunicação social, bem como padrões restritos e repetitivos de comportamentos, interesses e atividades. Tais déficits socioemocionais acarretam em muitas dificuldades na autorregulação emocional e comportamental em todas as fases de desenvolvimento, inclusive na adolescência (APA, 2014).

Indivíduos com autismo apresentam déficits de comunicação e interação social como critérios diagnósticos. Trata-se de um transtorno do neurodesenvolvimento, que compromete aspectos relevantes da interação social e da comunicação.

> (...) as características essenciais do transtorno do espectro autista são prejuízos persistente na comunicação social recíproca e na interação social (critério A) e padrões restritos e repetitivos de comportamento, interesses e atividades (critério B). Esses sintomas estão presentes desde o início da infância e limitam ou prejudicam o funcionamento diário. (APA, 2014, p. 53)

Assim, foram classificados em níveis de gravidade, os quais caracterizam o tipo de apoio necessário para o funcionamento adaptativo. Muitos autistas de nível 1 apresentam capacidade de pensamento desenvolvido, comunicação verbal preservada, no entanto, interações sociais comprometidas, muitas delas pela impossibilidade de reconhecer no outro, suas intenções e emoções (APA, 2014). Alguns apresentam o que podemos chamar de "sincericídio", pela dificuldade inerente do transtorno em identificar - reconhecer - no outro as emoções, ou seja, manifestam-se conforme suas emoções, sem, no entanto, conseguir identificar, nomear e regular o que sente e pensa.

O desafio para o terapeuta comportamental cognitivo é desenvolver, através das técnicas disponíveis nesta abordagem, melhor funcionamento adaptativo aos autistas - neste capítulo priorizamos os adolescentes dentro do espectro autista de nível 1 (comunicação verbal), também chamados de grau leve - bem como serão destrinchadas formas, através da regulação emocional e possibilidades satisfatórias de interação social para este público.

A importância de conhecer nossas emoções pode determinar a maneira como enfrentamos situações aversivas e estabelecer padrões de comportamento para a tomada de decisões. Em crianças e adolescentes, a capacidade para tomada de decisões está em desenvolvimento em decorrência do amadurecimento neuronal. Neste sentido, rege-se, em sua maioria, o comportamento infantil pela plena vivência de emoções, destituída de estratégias de regulação (ASSUMPÇÃO JR.. *et al.*, 2018).

Exemplos de atuação clínica revelam que, ao possibilitar aos autistas psicoeducação sobre as emoções, o reconhecimento destas em si e em outras pessoas por meio de dicas visuais, por exemplo, vem se mostrando eficaz no funcionamento adaptativo desta clientela. Há de se considerar o nível cognitivo e de entendimento de seus pensamentos para iniciar o treino cognitivo de conhecimentos das emoções básicas. Autistas as sentem, mas nem sempre conseguem identificar e nomear tais emoções, e consequentemente regulá-las.

A regulação emocional pode auxiliar na promoção da reestruturação cognitiva, ativação e mudanças comportamentais, relaxamento e modificação das tentativas problemáticas para validação de comportamentos (LEAHY; TIRCH; NAPOLITANO, 2013).

É papel do terapeuta cognitivo-comportamental trazer para o ambiente terapêutico as estratégias de reconhecimento e regulação destas emoções. Como exemplo de trabalho a ser desenvolvido, podem-se citar as tarefas de casa. Essa ferramenta da TCC, conforme nos explicam Wright *et al.* (2008), tem por função desenvolver habilidades dos indivíduos, para lidarem com problemas em situações reais e cotidianas, sendo eficazes no ensino da regulação emocional. Deve-se estabelecer o treino das emoções e os contextos em que normalmente ocorrem. Sendo assim, o cliente relata as situações sociais nas quais identificou estas emoções em si e nos outros; como reagiu; o que pensou; o que sentiu; e qual foi à ação decorrente deste conhecimento.

A partir destes relatos semanais, realiza-se a psicoeducação utilizando como base os fatos descritos e as análises das distorções cognitivas que possam estar ocorrendo. É possível que inicialmente, a identificação da emoção nos outros será mediada pelas relações já estabelecidas em alguns vínculos considerados seguros por eles, como por exemplo, a família. Portanto, no aprimoramento dos conteúdos psicoeducacionais, o ensino da identificação das emoções, a correção das distorções na interpretação da situação pode trazer resultados satisfatórios para a qualidade da interação.

Segundo Gross e McRae (2020), seria possível constatar cinco classes de estratégias de regulação emocional. Essas estratégias seriam: o processo da seleção da situação, a modificação da situação, a implantação da atenção, a mudança cognitiva e a modulação da resposta. Tais processos encontram respaldo nas estratégias de regulação emocional propostos pela TCC, uma vez que seguem os pressupostos básicos da cognição influenciando o comportamento, sendo esta cognição passível de mudanças. Neste caso, o comportamento desejado seria o manejo emocional, influenciado através da reestruturação cognitiva, as quais possibilitam melhores resultados nas ações de interações sociais.

No caso específico de autistas, as tarefas de interação citadas possibilitam a análise da situação através da observação direta do meio em que estaria experimentando – requerendo para isto a atenção ao momento da interação, a mudança dos pensamentos automáticos que poderiam prejudicar o sucesso da estruturação cognitiva da situação e então, a modulação da resposta conforme discutido em psicoeducação, realizadas no *setting* terapêutico. Dessa forma, os adolescentes autistas podem passar a compreender qual o comportamento apropriado em uma situação e não em outra, regulando-os emocionalmente.

Corroborando com tais pensamentos, Martins *et al.* (2014) cita a pesquisa realizada em Portugal com alunos autistas, que passaram a compreender o significado das emoções e manejo de comportamentos no processo de comunicação e interação social. De acordo com este estudo, essa aprendizagem influenciou decisivamente na melhoria da compreensão social desses alunos. Reconhecem a importância da educação emocional promovendo o conhecimento dos tipos de emoções que existem, reconhecimento e imitação de expressões faciais, análise da emoção nas situações e distinguir estas situações, além de valorizar as relações sociais.

Dessa forma, constitui-se a TCC – e suas ferramentas – uma valiosa contribuição ao desenvolvimento socioemocional de autistas, contribuindo de maneira eficaz para que possam identificar nomear e regular suas emoções de maneira a transformar a qualidade de suas interações sociais.

5. Considerações finais

Buscou-se, neste capítulo, descrever a importância da regulação emocional em adolescentes com TEA. Ao longo da revisão, observou-se que a regulação é uma ferramenta importante para o desenvolvimento de repertório e de manejo de situações experimentadas no cotidiano do adolescente. As estratégias em TCC auxiliam os indivíduos a enfrentarem as situações de forma mais adaptada e saudável. Compreende-se que a adolescência envolve transformações, sentimentos intensos e a busca de novas experiências. No espectro autista, o adolescente pode interpretá-las a partir das características inerentes ao transtorno. Nesse sentido, é importante que o psicoterapeuta realize a psicoeducação dos clientes para que estes saibam administrar a intensidade e frequência emocionais quando necessário e agir frente à demanda interpessoal de forma assertiva e funcional. Assim, a proposta da regulação emocional pode auxiliar no manejo das interações sociais, bem como influenciar o comportamento e a expressão emocional dos indivíduos, com um prognóstico promissor em sua vida adulta. Além disso, a literatura mostra que a emoção são processos determinados biologicamente, mas que podem adquirir novos significados a partir da interação com o ambiente. São cruciais para a solução rápida de problemas, para a comunicação interpessoal e para a sobrevivência.

Compreender que emoção é um fenômeno multifacetado, que ocorre por meio da avaliação e do significado que o indivíduo atribui à situação vivenciada, é essencial para psicoeducar os adolescentes. Assim, a regulação emocional torna-se uma prática indispensável, visto que vivenciamos em nosso cotidiano uma variedade de acontecimentos dos quais os clientes podem experimentar de forma mais saudável se souber como manejá-los. Nesse processo interventivo, é essencial a estimulação da capacidade de conexões afetivas nas pessoas com autismo, pois como abordado anteriormente, os mesmos apresentam maiores dificuldades em interpretar e serem responsivas aos afetos das pessoas.

É pertinente destacar que não foram esgotadas aqui todas as estratégias de regulação emocional. Contudo, percebeu-se o número reduzido de estudos que abordam o tema de regulação emocional para indivíduos com TEA, visto que a pouca literatura encontrada reflita sobre o público infantil, sendo escassos os estudos direcionados aos adolescentes com autismo. Ainda como limitações, os autores recomendam que os leitores complementem seus estudos com as literaturas referenciadas, a fim de ampliar seu conhecimento e agregar em sua prática profissional.

Deste modo, considera-se a importância dessas estratégias para a TCC no que diz respeito ao manejo clínico com adolescentes com TEA, considerando como a identificação das emoções e as estratégias de regulação emocional possibilitam a transformação de como os adolescentes percebem as situações em seu cotidiano, auxiliam nas interações e relações interpessoais, bem como em melhor qualidade de vida dos sujeitos.

Referências

AMERICAN PSYCHIATRIC ASSOCIATION (APA). *Manual Diagnóstico e Estatístico de Transtornos Mentais (DSM-V)*. Porto Alegre: Artmed, 2014.

ASSUMPÇÃO JR., F. B. *Tratado de psiquiatria da infância e da adolescência.* 3. ed – Rio de Janeiro: Atheneu, 2018.

BOSA, Cleonice Alves. As relações entre autismo, comportamento social e função executiva. *Psicol. Reflex. Crit.*, v. 14, n. 2, p. 281-287, 2001.

CARVALHO, Sílvia. Psicoterapia e medicina geral e familiar: o potencial da terapia cognitivo-comportamental. *Revista Portuguesa de Medicina Geral e Familiar*, v. 30, n. 6, 2014.

CHAN, Agnes S. et al. Executive function deficits and neural discordance in children with autism spectrum disorders. *Clinical Neurophysiology*, v. 120, n. 6, p. 1107-1115, 2009.

DAMÁSIO, António. E o cérebro criou o homem. São Paulo: Companhia das Letras, 2013.

DAPRETTO, Mirella *et al.* Compreendendo as emoções dos outros: disfunção do neurônio espelho em crianças com transtornos do espectro do autismo. *Nat Neurosci*, v. 1, n. 9, p. 28-30, 2006.

FERREIRA, W. J. Regulação emocional em terapia cognitivo-comportamental. *Pretextos*, v. 5, n. 9, p. 618-630, 2020.

GROSS, J. J.; & MCRAE, K.. Emotion Regulation. *Emotion*, v. 20, n. 1, p. 1-9. 2020. Disponível em: <https://psycnet.apa.org/fulltext/2020-03346-001.pdf>. Acesso em: 20 jun. 2022.

GROSS, J. J., & THOMPSON, R. Emotion regulation: conceptual foundations. In: GROSS, J. J. (Ed.). *Handbook of Emotion Regulation*. New York: Guilford Press, 2007.

LEAHY, Robert L; TIRCH, Dennis; & NAPOLITANO, Lisa, A. *Regulação emocional em psicoterapia*: um guia para o terapeuta cognitivo-comportamental. Porto Alegre: Artmed, 2013.

LINS, Manuela Ramos Caldas; & BORSA, Juliane Callegaro. *Avaliação psicológica*: aspectos teóricos e práticos. Petrópolis, RJ: Vozes, 2017.

MARTINS, Ernesto; & CEIA, Helena. Desenvolvimento emocional e compreensão social em crianças autistas. In: *Anais do I Congresso Internacional de Lisboa*. Lisboa: Instituto de Educação, Universidade de Lisboa, 2014.

MOCAIBER, Izabela *et al.* Neurobiologia da regulação emocional: implicações para a terapia cognitivo-comportamental. *Psicologia em Estudo*, v. 13, n. 3, p. 531-538, 2008.

STEFANO, Luciana; & CORRÊA, Guilherme. Terapia cognitivo-comportamental e regulação emocional na adolescência. *Disciplinarum Scientia*, v. 19, n. 1, p, 25-37, 2018.

WILHELM, S. *et al*. A Cognitive- Behavioral Treatment Approach for Body Dysmorphic Disorder. *Cognitive and Behavioral Practice*, v. 17, n. 3, p. 241-247, 2010.

WRIGHT, Jesse *et al*. *Terapia Cognitivo-Comportamental de alto rendimento para sessões breves*: guia ilustrado. 2008.

5. *Mindfulness*: MBCT – Intervenção de *Mindfulness* e os aspectos favoráveis sobre a depressão e a ansiedade: um protocolo de oito semanas

Maria da Paz Nunes Costa Balthazar

1. Introdução

O termo *"mindfulness"* é bem antigo, e suas raízes vêm de algumas religiões como: budismo, cristianismo, judaísmo e entre outras tradições religiosas. Essa prática meditativa migrou do oriente para o ocidente e foi traduzida em várias línguas. Porém na tradução do inglês para o português foi chamado de "estar presente ou atenção plena" e popularizou-se no Brasil sendo esse nome (atenção plena) mais usado. A atenção plena tem sido discutida e pesquisada a eficácia e sendo objeto de discussão em todo mundo, e não só no mundo científico, mas inclusive no universo religioso. Neste sentido, os diversos mestres como budistas, gurus, filósofos, psicólogos, psiquiatras e cientistas se apropriaram desse conhecimento, tornando hoje essencial a prática meditativa como uma ferramenta.

Contudo, para explicar mesmo os benefícios do *Mindfulness*, podemos dizer que se faz necessária a realização das práticas diárias, podendo-se, assim, apreciar e sentir essa experiência, reverberar no corpo como um todo, e se relacionar com as sensações positivas ou negativas que surgem durante a prática meditativa, acolhendo de uma forma gentil e sem julgamento no aqui e agora, momento a momento.

Neste sentido, a popularidade dessa prática levou a ampliação do seu campo de atuação para além do contexto religioso, e, desta forma, ela foi se caracterizando como uma prática de bem-estar.

O primeiro programa em *Mindfulness* foi desenvolvido no hospital da Escola de Medicina da Universidade de Massachusetts na década de 1980 pelo professor emérito de Medicina Jon Kabat-Zinn, um dos fundadores da prática meditativa o mesmo foi convidado pelos responsáveis deste hospital universitário para desenvolver um trabalho de meditação, cujo objetivo seria redução de estresse entre pacientes com dores crônicas (WEISS; NOTO, 2017).

Na época, esse médico era budista e praticava meditação Zen. Assim, ficou determinado que o médico Jon Kabat-Zinn trabalhasse com esses pacientes já que o tratamento convencional não estava surtindo um efeito desejado. Perante a oferta o médico desenvolveu vários treinos e um deles ficou conhecido como "Programa de 08 semanas de *Mindfulness*", ou *Mindfulness Based Stress Reduction* (MBSR). Diante do grande sucesso deste trabalho e com comprovação positiva robusta da prática de *Mindfulness* descolou-se totalmente do campo religioso e foi se adaptando aos preceitos da ciência.

De acordo com Weiss e Noto (2017), o trabalho de Jon Kabat--Zinn foi fundamental para a disseminação desta prática para o mundo e inclusive no Brasil. Atualmente, quando se pensa em *Miudfulness*, pensa-se em ciência, e assim, surgem aí várias possibilidades desta prática meditativa se globalizar diante de tantas comprovações perante a sua eficácia. Afirma-se que *Mindfulness* com respaldo da ciência pode contribuir para amenizar vários sofrimentos emocionais, como: estresse, depressão, dor crônica, conflitos interpessoais, problemas comportamentais e ansiedade.

Constatando toda essa disseminação a cada dia, o *Mindfulness* cresce muito rápido, são inúmeras pesquisas com publicações em diversas universidades como Oxford, na Inglaterra, e a Universidade de São Paulo, no Brasil, são renomadas no âmbito nacional e internacional, com pesquisas bastante relevantes relacionando os benefícios do *Mindfulness*, que podem ser encontradas em vários livros, periódicos, artigos científicos, jornais, revistas que divulgam a prática meditativa como uma grande aliada ao gerenciamento das emoções favorecendo aos pacientes.

Essa evolução tem se ampliado para o desenvolvimento de outros protocolos, com atendimento individual ou em grupo. Diante de uma vasta publicação com aplicação desta pratica presencial, recentemente devido ao isolamento social essa prática está sendo ofertada on-line, pode-se afirmar que tanto presencial como on-line é possível se beneficiar com essa prática sem prejuízo da sua eficácia (WILLIAM; PENMAN, 2015).

Todavia, o foco deste capítulo é apresentar os benefícios do programa *Mindfulness*: MBCT – protocolo de 08 semanas e pratica em grupo on-line, como também as intervenções de *Mindfulness* e seus aspectos podem beneficiar a diminuição dos sintomas de depressão e ansiedade.

A metodologia utilizada é uma pesquisa de cunho bibliográfico, e, neste sentido, a pesquisa busca evidências em artigos científicos, livros, site, periódicos, além de escolas credenciadas on-line que possam dialogar entre si e sobre as intervenções de *Mindfulness* e as evidencias no tratamento da depressão e ansiedade.

2. *Mindfulness*: possibilidades de redução de sintomas depressivos e ansiosos

Dados da OPAS/OMS BRASIL (2018) apontam que a depressão é um dos transtornos que vem crescendo em números significativos, chega a 322 milhões de indivíduos afetados no mundo, sofrendo deste adoecimento mental.

Segundo Lima (2019), no Brasil, 5,8% da população sofrem de depressão o que correspondem mais de 11,5 milhões de pessoas. No entanto, outro dado alarmante e também bem relevante é quanto ao transtorno de ansiedade que também chega até 18,6 milhões (que corresponde a 9,3% da população brasileira) sofrendo de transtornos mentais. Estima-se que o número cresceu em 18% de 2005 a 2015. Neste sentido é importante redobrar atenção quanto aos transtornos de (depressão e ansiedade) e seus sintomas. Os dados descritos por OPAS/OMS BRASIL (2018) dispararam um alerta ressaltando quanto a depressão:

> A depressão é um transtorno comum em todo o mundo: estima-se que mais de 300 milhões de pessoas sofram com ele.

A condição é diferente das flutuações usuais de humor e das respostas emocionais de curta duração aos desafios da vida cotidiana. Especialmente quando de longa duração e com intensidade moderada ou grave, a depressão pode se tornar uma crítica condição de saúde. Ela pode causar à pessoa afetada um grande sofrimento e disfunção no trabalho, na escola ou no meio familiar. Na pior das hipóteses, a depressão pode levar ao suicídio. Cerca de 800 mil pessoas morrem por suicídio a cada ano – sendo essa a segunda principal causa de morte entre pessoas com idade entre 15 e 29 anos.

No entanto a estimativa segundo as mesmas fontes cita que a depressão será a doença mais comum do mundo, em 2030 chegará a 350 milhões indivíduos afetados. Diante de quadro tão alarmante, é imprescindível que as políticas públicas e todos os profissionais da saúde possam se debruçar para achar meios de como gerenciar esse quadro tão caótico. Dessa maneira, torna-se essencial discutirmos essa temática, conhecer as causas, os sintomas, a gravidade e realizar um tratamento eficaz.

Conforme preconiza o *Manual Diagnóstico e Estatístico de Transtornos Mentais* (DSM-V) (APA, 2014), para considerar depressão o profissional precisa observar algumas características possíveis de identificar como: humor baixo, falta de interesse pelas coisas que antes tinha prazer, tristeza profunda, lentidão ou agitação psicomotora, apatia, desregulação no sono podendo apresentar perda ou ganho de peso em um curto período de tempo, fadiga, sentimento de culpa, falta de concentração (cognições comprometidas) e em alguns casos, pensamentos suicidas.

Essas questões vão muito além: ainda se referindo ao DSM-V, o conceito de depressão, como é popularmente conhecido, para este manual é denominado de transtornos depressivos. Especificando melhor, entre os transtornos depressivos o DSM-V incluiu oito tipos de transtornos depressivos diferentes, mudando apenas algumas das características diagnósticas como critérios, prevalência, fatores de riscos e comorbidades. Existem questões bastante complexas e muito conflitantes. Exemplo disso se dá quando o paciente que tem um diagnóstico de um desses transtornos depressivos está submerso a um estado de ruminações, desesperança, desamparo, desamor, na maioria dos casos. Diante desses estados, sob a luz da Terapia Cognitivo-Comportamental

(TCC), a ruminação aterra o indivíduo no passado e tende a agravar o estado emocional do mesmo. Explicando melhor, uma pessoa com depressão tem excesso de preocupações do passado como culpa por não ter feito, ou por ter feito algo lhe ocorreu algum prejuízo emocional, financeiro ou material, e fica presa no passado trazendo para o presente toda sintomatologia (POWEL *et al.*, 2008).

Constata-se que a ansiedade, assim como a depressão, tem causado algumas preocupações aos profissionais da saúde e poderes públicos no mundo todo, e essa preocupação é bastante relevante por ser também uma doença mental que gera grandes prejuízos ao indivíduo. Os casos de transtornos ansiosos vêm multiplicando nas últimas décadas. Diferente da depressão, a ansiedade leva o indivíduo a um estado de luta, ou fuga, vigilância, espasmo musculares, esquiva e cautela, e esses estímulos levam a um desconforto muito grande, sendo rodeados de apreensões, medo excessivo, sentimento de perigo eminente com a presença de materialidade ou não, e, muitas vezes, as pessoas agem por impulso devido ao desespero por não saber lidar com tal sofrimento (CASTILLO *et al.*, 2000).

Pode-se dizer que ansiedade normal que é inerente a todo ser humano e faz parte da evolução da espécie, porém, tem ansiedade que é patológica, neste caso é denominado de transtornos de ansiedade. Conforme descrito no DSM-V, os transtornos de ansiedade possuem algumas características como medo e ansiedade excessiva, perturbações e comportamentais relacionados. O medo é a resposta emocional a ameaça iminente real ou percebido. A ansiedade é antecipação de ameaça futura (CASTILLO *et al.*, 2000).

Quando esse transtorno se torna patológico, leva o indivíduo a grandes prejuízos, de acordo com os critérios diagnósticos veja alguns exemplos: baixo desempenho escolar e profissional, o indivíduo não consegue gerenciar suas preocupações, inquietação, fadiga, branco na mente, perturbação do sono entre outros sintomas com duração de seis meses ou mais (CASTILLO *et al.*, 2000).

É importante nos debruçarmos sobre essas temáticas para orientarmos a comunidade em geral acerca da real diferença entre ansiedade e depressão: em suma, depressão é excesso de preocupações com relação ao passado, e ansiedade é excesso de preocupações com relação ao futuro.

No início deste capítulo foi abordado o crescimento do *Mindfulness* em todo mundo, tendo sido devolvido um protocolo por um médico que tratou de estresse e dores crônicas de seus pacientes. Neste sentido, vale a pena buscar uma imensa aceitação por um corpo científico, e esses protocolos foram ampliados com práticas meditativas para outros transtornos, inclusive depressão e ansiedade, e *Mindfulness* foi mostrando e comprovando sua eficácia.

3. Intervenção de Mindfulness e os benefícios sobre os sintomas de depressão e ansiedade: pratica on-line em grupo

Quando se pensava em meditação e atenção plena, pensava-se em atendimento presencial, sendo este um dos princípios básicos para quem queria aprimorar a prática em *Mindfulness*. As pessoas iam para retiros de silêncio por longos períodos sempre presenciais. Porém, diante de situações tão adversas como a pandemia, e posteriormente o isolamento social, mudaram-se os protocolos para que as escolas de *Mindfulness*, profissionais de saúde do bem-estar, psicólogos e os instrutores de *Mindfulness* pudessem ofertar essa prática de forma on-line. Compreende-se que as organizações no mundo inteiro estejam se adequando às novas circunstâncias, a um novo modelo de prática sem perder a qualidade.

Para contribuir com essa explanação sobre o *Mindfulness*, as pesquisas ocorreram em sites de escolas e centros de *Mindfulness* profissionalizantes que estão ofertando curso de *Mindfulness* on-line. Como, por exemplo, o CBI of Miami, que tem o curso de protocolos para psicólogos, a Universidade de São Paulo e o Mente Aberta, que ofertam cursos livres e de especialização, o Centro de Psicologia Positiva e *Mindfulness* do Paraná – entende-se que esses cursos ofertados on-line hoje já fazem parte da estrutura da escola e dos profissionais dessa nova modalidade.

Apresentaremos como exemplo para ilustrar essa temática um resumo de um protocolo on-line do qual podemos aferir excelentes resultados. O programa é baseado na TCC e baseado na atenção plena (MBCT), e um protocolo de oito semanas foi utilizado. Foi organizado um grupo on-line seguindo a instrução do manual, com algumas adaptações. Nesse modelo, foi utilizado um contrato de sigilo verbal, atividades formais e informais na prática de *Mindfulness*, textos de apoio, áudio com meditação guiada, psicoeducação sobre cada tema, formação de um grupo no Whatsapp, atividade para ser feita em casa semanalmente. Além disso, os 8 encontros ocorreram uma vez por semana, com duração prevista para 2h, em uma plataforma on-line.

Nesses encontros ocorriam às práticas ao vivo com todos os presentes e, posteriormente, semana a semana, foram desenvolvidos temas e atividades diferenciadas. Os 8 encontros foram descritos abaixo e todos eram compostos de práticas voltadas o presente momento:

1) Na 1ª semana, o tema foi: para além do piloto automático, o instrutor enviou atividades de casa como a prática do escaneamento do corpo. O indivíduo deveria como exercício, prestar atenção nas atividades rotineiras, comer, tomar banho, limpar a casa, ou seja, tudo o que ele fizesse que realizasse a atenção plena.

2) Na 2ª semana, o tema foi: descobrir outra maneira de conhecimento das atividades de casa, prática do escaneamento do corpo, atenção plena na respiração (meditação sentada), prestar atenção nas atividades rotineiras, comer com atenção plena.

3) Na 3ª semana, o tema foi: voltando ao presente com uma meditação de alongamento (com imagem modelo) e meditação dos 3 passos diários de experiências agradáveis. Além da continuidade de estar presente nas atividades diárias.

4) A 4ª semana iniciou com o reconhecimento da versão do modelo cognitivo (visão negativa do mundo) e deixar fluir, observar. Depois, foi utilizada a prática para desenvolver o autocuidado, a meditação com 3 passos diários com experiências agradáveis. Ainda, o instrutor continuou a orientação para o grupo estar presente nas práticas das atividades diariamente.

5) Na 5ª semana, o tema foi: para que os participantes deixem as coisas serem como são, meditação na posição sentada, diário das práticas desagradáveis (meus sinais de advertência), meditação 3 passos diários de experiências agradáveis, texto com modelo cognitivo (análise do texto).

6) Na 6ª semana, o tema foi: ampliar a percepção e ver que os pensamentos são pensamentos, meditação na posição sentada, diário das práticas desagradáveis (meus sinais de advertência), meditação 3 passos diários com situações agradáveis, texto relacionado a temática 02 modelo cognitivo (análise do texto 02, exercício para fazer seu próprio modelo cognitivo).

7) Na 7ª semana, o tema foi: a bondade em ação, e então propôs-se ao grupo a escolher uma prática para fazer diariamente, talvez uma prática que você possa incluir em sua rotina; prática dos 3 passos diários com situações de gratidão por 3 vezes ao dia em momentos pré-determinados; passo de autocuidado e fazer o plano de ação modelo em anexo.

8) A 8° semana e última do programa desenvolveu o tema: E agora? Reflexão! A verdadeira oitava semana é o restante da nossa vida.

A organização e o planejamento das sessões foram compilados do "Manual prático de *Mindfulness*, meditação plena um programa de oito semanas para libertar você da depressão e ansiedade e do estresse emocional", baseado no livro de John Teasdale, Mark Williams e Zindel Segal.

Várias escolas e profissionais postulam que, independentemente de ser aplicado presencialmente ou on-line, os procedimentos do *Mindfulness* em forma de protocolos diversos têm atingido grandes benefícios para as pessoas que aderem ao programa.

Tanto individual como em grupo a qualidade não muda, e aplicação tem um padrão de seguimento a rigor. Para comprovar que as intervenções em *Mindfulness* validam a sua eficácia, é evidente que existe um benefício para os indivíduos que sofrem de depressão e ansiedade.

Apresentaremos alguns exemplos do próprio manual citado. Poderemos elencar um relato descrito no livro que comprovam o quanto as práticas meditativas são favoráveis para diminuição o sofrimento psicológico tanto da ansiedade como da depressão. Esse manual foi organizado como um dos protocolos e denominado "MBCT – Terapia cognitivo-comportamental baseada em *Mindfulness*". Exemplo escrito no livro por um participante com nome fictício:

> Joanne sou realmente grata pela experiência da atenção plena que vocês me proporcionaram. A atenção plena está causando em mim um impacto profundo e tranquilo. Acho que ela está trabalhando em silêncio debaixo da superfície. Reparo agora que consigo aproveitar o momento com os meus filhos e mergulhar no que estamos fazendo juntos em vez de viver meus pensamentos o meu dia a dia no trabalho. Eu observo e me deixo conduzir por eles (...) e sentir novamente e energia física e emocional de otimismo e da alegria juvenil de grandes possibilidades, de um mundo e ser descoberto. Essa é uma agradável surpresa para mim. (MA; Teasdale, 2016, p. 212)

Relatos como esse estão presentes em várias páginas deste livro, os participantes descrevem sua trajetória de sucesso com o programa. Os protocolos de evidências em *Mindfulness* apresentam vários aspectos que podem amenizar a dor do paciente. Refere-se como dor da alma, tanto a depressão como a ansiedade, e estas têm vários registros em artigos científicos e livros, acenando o quanto a prática de *Mindfulness* tem o poder de intervir no gerenciamento das emoções, trazendo grandes benefícios e tem ajudado muito as pessoas que participam desses protocolos. Podemos ainda citar outros protocolos que terão a mesma qualidade na aplicabilidade quanto ao que foi apresentado até o momento: *Mindfulness* na prevenção de recaída de depressão, *Mindfulness* no treino de redução de estresse, *Mindfulness* na terapia comportamental dialética e na Terapia de Aceitação e compromisso (ACT).

Em síntese, todos esses protocolos têm comprovação científica com respaldo do quanto o *Mindfulness* pode contribuir para amenizar os sofrimentos emocionais, tais como: depressão, ansiedade, estresse, dor crônica, conflitos interpessoais, problemas comportamentais.

Por compreender uma grande aceitação do público mediante os ingressos (on-line) nos cursos de *Mindfulness*, os relatos apontam quanto aos aspectos favoráveis desta prática para depressão e a ansiedade ou outros transtornos e podem ser aplicados em grupo on-line, presencial ou individual sem perder a qualidade.

4. Considerações finais

Este capítulo pode contribuir com os estudantes e profissionais no sentido de entender que a prática do *Mindfulness* pode ser aplicada tanto presencial como on-line. Foram observadas várias escolas de *Mindfulness*, as quais foram se adequando a nova modalidade global.

Destacamos ainda que todas as intervenções realizadas atingem as expectativas da maioria dos seus participantes, e as avaliações de mudanças de estados emocionais dos participantes, como desesperança, para uma vida mais esperançosa, de vitalidade, de energia, de vontade de viver e de gerenciamentos das emoções, são inúmeras. Todos os relatos apontam que suas vidas foram transformadas após a participação em um protocolo de 8 semanas.

São várias as escolas, os profissionais da saúde, escolas públicas ou privadas, empresas que têm aplicado tipos de protocolos diferentes, de acordo com a demanda e tem obtido resultados bem expressivos, principalmente como parte do tratamento e prevenção da depressão e da ansiedade demonstra que o treinamento mental tem uma importante repercussão na saúde e no bem-estar, inoculando assim emoções positivas, e muitos benefícios.

É possível compreender o quanto a prática meditativa aponta resultados positivos e sua eficácia nas intervenções baseada em *Mindfulness* em grupos on-line, tendo o mesmo aproveitamento tanto quanto presencial. Sugere-se que mesmo diante uma possível normalidade em relação ao isolamento social, as escolas e os profissionais da saúde possam continuar ofertando essa prática meditativa como opção de escolhas on-line ou presencial, já que os resultados não diferem dos presenciais.

Referências

AMERICAN PSYCHIATRIC ASSOCIATION (APA). *Manual Diagnóstico e Estatístico de Transtornos Mentais (DSM-V)*. Porto Alegre: Artmed, 2014.

CASTILLO, Ana Regina G. L. *et al*. Transtornos de ansiedade. *Rev. Bras. Psiquiatr.*, v. 22, supl. 2, p. 20-23, 2000.

LIMA, Mariana. *322 milhões de pessoas no mundo sofrem com depressão, segundo OMS*. 2019. Disponível em: <https://observatorio3setor.org.br/noticias/322-milhoes-de-pessoas-no-mundo-sofrem-com-depressao-segundo-oms>. Acesso em: 20 jun. 2022.

MA, S. H.; & TEASDALE, J. D. *Manual Prático de Mindfulness*: um programa de oito semanas para libertar você da depressão, da ansiedade e do estresse emocional. São Paulo: Pensamento, 2016.

MEDITANDO no dia a dia. *Jon Kabat-Zinn: conheça o médico que sistematizou o Mindfulness*. 2016. Disponível em: <http://meditandonodiaadia.com/jon-kabat-zinn-conheca-o-medico-que-criou-a-meditacao-mindfulness/>. Acesso em: 20 jun. 2022.

OPAS/OMS BRASIL. *Depressão informativa atualizada em março de 2018*. 2018. Disponível em: <https://www.paho.org/pt/brasil> Acesso em: 20 jun. 2022.

POWELL, Vania Bitencourt *et al*. Terapia cognitivo-comportamental da depressão. *Rev. Bras. Psiquiatr.*, v. 30, supl. 2, p. s73-s80, 2008.

WILLIAMS, Mark; & PENMAN, Danny. *Atenção Plena. Mindfulness*: Como encontrar a paz em um mundo frenético. Rio de Janeiro: Sextante, 2015.

6. A importância do treinamento em Habilidades Sociais no Contexto da Pós-Pandemia

Jéssica Limberger

1. Introdução

No decorrer do ciclo vital, a qualidade das interações sociais repercute no desenvolvimento psicossocial dos indivíduos (PAPALIA; FELDMAN, 2013). Para tanto, são necessárias estratégias que contribuam com a socialização, como as habilidades sociais, que formam um elo entre o indivíduo e o meio no qual está inserido (CABALLO, 2003).

As definições e características sobre as habilidades sociais são expostas por diferentes autores (conforme mencionado no capítulo 7 deste livro). Para o presente capítulo, parte-se da compreensão de que as habilidades sociais constituem um conjunto de comportamentos emitidos por uma pessoa em seu meio social, a fim de expressar os seus sentimentos, desejos, atitudes, opiniões ou direitos do modo mais adequado à situação, respeitando tais comportamentos nas demais pessoas, diminuindo a probabilidade de dificuldades futuras (CABALLO, 2003).

O crescente interesse pelos estudos acerca das habilidades sociais deve-se ao fato de que tais habilidades constituem um fator de promoção de saúde mental (PEIXOTO *et al.*, 2018). Caballo, Salazar e Equipe de Investigação CISO-A (2017) expõem 10 tipos de habilidades sociais: interagir com desconhecidos, expressar sentimentos positivos, enfrentar críticas, interagir com pessoas afins, manter a tranquilidade diante das críticas, falar em público/interagir com os superiores, lidar com situações de exposição ao ridículo, defender os próprios direitos, pedir desculpas e negar pedidos.

As intervenções no campo das habilidades sociais costumam ser utilizadas a partir do Treinamento em Habilidades Sociais (THS). Tal intervenção possui caráter geralmente grupal, que objetiva a prática de comportamentos específicos de habilidades sociais, a fim de que novos comportamentos sejam integrados no repertório do indivíduo, a partir de instruções, modelação, ensaio de comportamento, retroalimentação e reforço (CABALLO, 2003).

Na última década, revisões sistemáticas da literatura que analisaram ensaios clínicos randomizados descrevem benefícios do THS como uma estratégia complementar ao tratamento em diferentes transtornos, como esquizofrenia (ALMERIE *et al.,* 2015) e transtorno de déficit em atenção e hiperatividade (STOREBØ *et al.,* 2019). Revisões sistemáticas também apontam benefícios do THS na prevenção ao uso de substâncias (SCHNEIDER *et al.,* 2016), no tratamento de usuários de substâncias (LIMBERGER *et al.,* 2017) e com universitários (BORTOLATTO *et al.,* no prelo). Além do aperfeiçoamento do repertório de habilidades sociais, resultados secundários podem ocorrer, como o aumento da qualidade de vida (MÜLLER *et al.,* 2015).

Recentemente, com a pandemia do COVID-19, as interações sociais passaram por mudanças intensas. Além de um medo concreto da morte, os indivíduos se depararam com alterações na organização familiar e nas rotinas de trabalho, com o fechamento de escolas e locais públicos, gerando incertezas e vulnerabilidades (ORNELL *et al,* 2020). Nesse cenário, considerando que as habilidades sociais contribuem para as interações sociais satisfatórias (CABALLO, 2003) e as evidências satisfatórias do THS em diferentes contextos (ALMERIE *et al.,* 2015; LIMBERGER *et al.,* 2017; STOREBØ *et al.,* 2019), objetiva-se descrever as possibilidades do Treinamento em Habilidades Sociais no pós-pandemia, especialmente com jovens e adultos. Para tanto, serão expostas três questões norteadoras: Por que é necessário desenvolver habilidades sociais na pós-pandemia? Como o psicólogo pode contribuir no desenvolvimento de habilidades sociais na pós-pandemia? Quais são as perspectivas futuras do Treinamento em Habilidades Sociais na pós-pandemia?

2. Por que é necessário desenvolver habilidades sociais na pós-pandemia?

Uma premissa básica para a compreensão das habilidades sociais diz respeito ao fato de que é necessário que as habilidades sociais devam ser praticadas para que sejam desenvolvidas (CABALLO, 2003). Desta forma, por mais que um indivíduo já tenha um repertório socialmente habilidoso, a falta da prática das habilidades sociais e quadros clínicos como a depressão e a ansiedade podem prejudicar um desempenho social saudável (CABALLO, 2003; SEGRIN, 2000).

No cenário da pandemia, a prática de habilidades sociais pode ter sido prejudicada, pois as constantes interações que ocorriam nos locais de trabalho e de lazer foram limitadas. O distanciamento físico tornou-se necessário. Por sua vez, autores questionam o termo "distanciamento social", pois pode ter gerado a percepção das pessoas estarem isoladas fisicamente, quando na verdade as interações podem seguir em formatos on-line, por exemplo (SALTZMAN et al., 2020).

Além disso, a presença do estresse peritraumático (estresse evidenciado durante uma situação traumática, como uma pandemia) acometeu muitos brasileiros. Conforme um estudo realizado com 1839 brasileiros no período de abril a junho de 2020, apenas 36.0% dos participantes apresentaram níveis normais de estresse, ou seja, estresse sem importância clínica (ANTONELLI-PONTIL et al., 2020). Desta forma, além dos impactos na área da saúde, o COVID-19 trouxe repercussões na economia e nos aspectos sociais, afetando rapidamente a vida cotidiana dos indivíduos (HALEEM et al., 2020).

Com mudanças nas interações sociais, alguns dos comportamentos que eram considerados socialmente habilidosos, como por exemplo, o aperto de mão ao cumprimentar alguém, tornou-se um comportamento inadequado no contexto da pandemia. O uso de chamadas de vídeo com familiares e colegas de trabalho também exigiu um novo repertório de comportamentos. Diante de tais mudanças, surge a necessidade de desenvolver as habilidades sociais que não foram praticadas no contexto da pandemia e reforçar novas habilidades diante do cenário híbrido, ou seja, a constância entre o presencial e o on-line.

3. Como o psicólogo pode contribuir no desenvolvimento de habilidades sociais na pós-pandemia?

Assim como foi necessário adaptar-se a pandemia e seus impactos, o processo pós-pandêmico também exige adaptações, incluindo as relações interpessoais. Conforme exposto anteriormente, o THS visa o desenvolvimento das habilidades sociais. Para um bom andamento de tal intervenção, é importante atentar para as habilidades sociais dos psicólogos que conduzirão o THS (LIMBERGER *et al.*, 2017).

Compreende-se que o primeiro passo diz respeito à capacitação do psicólogo quanto ao seu repertório de habilidades sociais. Indica-se que o psicólogo participe de um THS na condição de participante, a fim de que suas habilidades sociais sejam desenvolvidas. Faz-se necessário, pois, o psicólogo se torna um modelo na intervenção (modelação), além do seu papel de reforçar adequadamente os comportamentos dos participantes no decorrer do THS (modelagem) (LIMBERGER *et al.*, 2020).

No THS, a modelação ocorre a partir da observação de modelos, ou seja, as denominadas de experiências vicárias (BANDURA, 2008). Nesse sentido, a partir da observação das habilidades sociais do psicólogo, os participantes podem aprender comportamentos socialmente habilidosos. Ou seja, a partir da maneira como o psicólogo lida com uma situação de exposição ao ridículo, rindo de si mesmo, por exemplo, apresenta aos participantes uma maneira de lidar com tal situação. Além disso, a modelagem também é utilizada para o ensino de um novo comportamento através do reforço diferencial, na medida em que há aproximações sucessivas na direção do comportamento-alvo (MOREIRA; MEDEIROS, 2019). Por exemplo: quando a habilidade de falar em público (apresentar um trabalho em aula) for trabalhada, o terapeuta irá reforçar positivamente os comportamentos do paciente que se aproximam dessa habilidade, como o passo inicial de fazer uma pergunta no decorrer da aula, por exemplo. Por sua vez, os comportamentos iniciais deixam de ser reforçados a fim de que os comportamentos subsequentes sejam reforçados.

Após a capacitação do psicólogo quanto ao manejo do grupo e do desenvolvimento de suas habilidades sociais, torna-se necessário planejar como será o formato do THS: se individual ou grupal. Há benefícios do caráter grupal devido à presença de diferentes modelos e a interação social estabelecida (Caballo, 2003). Por sua vez, quando esse formato não é possível, a condução de maneira individual também pode ser utilizada, inclusive como estratégia complementar no tratamento de transtornos psicológicos (Limberger *et al.*, 2020).

Independente do formato individual ou grupal é necessário que seja realizada a avaliação das habilidades sociais dos participantes antes da intervenção, a fim de que sejam identificadas quais habilidades há maior dificuldade ou facilidade, sendo trabalhadas as habilidades em ordem crescente de dificuldade, facilitando a exposição gradual (Moreira; Medeiros, 2019). A psicoeducação nesse processo também é necessária para que o participante tenha consciência de quais são os déficits de habilidades sociais que o indivíduo possui maior facilidade e dificuldade, deixando claro que o THS pode contribuir no seu desenvolvimento. Outro aspecto interessante que vem sendo discutido diz respeito aos participantes escolherem quais habilidades sociais serão desenvolvidas, a fim de aumentar a motivação para a intervenção, conforme aponta uma revisão sistemática da literatura (Limberger *et al.*, 2017).

Questões sobre a quantidade de sessões do THS são planejadas a partir das necessidades dos participantes. Estudos apresentam formatos diversos, desde 7 a 20 encontros (Bortolatto, no prelo).

4. Quais são as perspectivas futuras do Treinamento em Habilidades Sociais no pós-pandemia?

Um dos legados da pandemia foi à migração de muitas interações do formato presencial para o on-line, como o atendimento psicológico, por exemplo. Anterior à pandemia, o Conselho Federal de Psicologia já possuía regulamentações quanto à prestação de serviços psicológicos realizados por meios de tecnologias da informação (CFP, 2018). Muitos psicólogos adaptaram-se a essa nova realidade, tendo em vista que durante a pandemia foram autorizados 39.510 novos cadastros para atendimento on-line (CFP, 2020).

Culturalmente, a psicoterapia individual tem sido mais difundida no contexto brasileiro, em detrimento de intervenções grupais. Da mesma forma, ainda são incipientes as práticas psicológicas no formato grupal e on-line, sendo uma possível tendência no contexto pós-pandêmico. Estudos sobre intervenções on-line em grupo apontam potencialidades, desafios e necessidades de pesquisas nesse cenário (WRIGHT, 2016).

Compreende-se que o THS, que já apresenta resultados em intervenções presenciais em diferentes contextos, pode ser utilizado no formato on-line, desde que sejam utilizados os cuidados necessários para a sua implementação. Nessa perspectiva, é importante que os propósitos da intervenção estejam claros para todos os participantes. Assim como no contexto presencial há a indicação de dois facilitadores por grupo de THS, no contexto on-line também se sugere tal indicação. Além disso, conforme exposto na resolução nº 11/18 (CFP, 2018), vale lembrar que o atendimento de pessoas e grupos em situação de urgência e emergência no formato on-line é considerado inadequado.

Alguns combinados específicos, com pré-requisitos básicos, como uma boa conexão com a internet, também podem contribuir para o andamento das atividades no formato on-line. Outro aspecto diz respeito às combinações para facilitar as interações, como o fato de todos os participantes estarem com as câmeras abertas, tendo em vista que a participação ativa dos participantes em grupos on-line contribui para resultados satisfatórios (WRIGHT, 2016).

Diante das novas maneiras de interação no formato on-line, também há temáticas que podem ser implementadas no THS, ou seja, também se torna relevante trabalhar as habilidades sociais nas interações on-line que permeiam o cotidiano: interações em grupos de Whatsapp, maneiras de começar uma conversa a partir das redes sociais, estratégias para lidar com a vergonha diante de chamadas de vídeo, desenvolvimento de habilidades para apresentar trabalhos virtualmente, etc.

Independente do formato do THS ser presencial ou on-line destaca-se a importância de utilizar espaços já presentes na vida das pessoas para o desenvolvimento das habilidades sociais, como instituições de ensino, por exemplo. Conforme uma revisão sistemática da literatura sobre os efeitos do THS em universitários no período de 2009 a 2018, identificou-se que a grande maioria dos estudos apontou melhora nas habilidades sociais dos estudantes após o THS, indicando potencialidades da intervenção (BORTOLATTO, no prelo).

Tendo em vista os aspectos apresentados, compreende-se que o Treinamento em Habilidades Sociais passa por mudanças necessárias na pós-pandemia. Tais mudanças estão em sintonia com as adaptações que afetaram a prática do psicólogo e que exigiram novas capacidades durante a pandemia. Acredita-se na importância das práticas em caráter grupal, tendo em vista a sua amplitude e o seu custo-benefício.

5. Considerações finais

As reflexões propostas no presente capítulo ressaltam que a adaptação na pós-pandemia é necessária para a prática psicológica. Para além da dicotomia presencial/on-line, o formato híbrido tem se mostrado eficiente em muitos campos, sendo uma possibilidade também no THS.

Evidencia-se que diante dos estressores advindos da pandemia, as relações interpessoais podem ter passado por dificuldades, havendo a necessidade do resgate da socialização em suas diversas manifestações. Desta forma, a capacitação dos psicólogos diante desse cenário é indispensável, contribuindo no desenvolvimento de habilidades sociais dos indivíduos com vistas a prevenção e promoção de saúde mental.

Sabe-se que muitos são os desafios diante das crises e seus impactos globais. Da mesma forma, trata-se de um momento ímpar para o constante avanço da ciência psicológica, respondendo as necessidades emergentes. Acredita-se que o campo das habilidades sociais tem muito a contribuir na pós-pandemia, potencializando relações interpessoais satisfatórias e saudáveis. Sugere-se que futuros estudos nessa área, com protocolos de intervenção específicos para o contexto on-line.

Referências

ALMERIE, M. Q. et al. Social skills programmes for schizophrenia. *Cochrane Database of Systematic Reviews*, n. 6, 2015.

ANTONELLI-PONTIL *et al.* Efeitos da pandemia de Covid-19 no Brasil e em Portugal: estresse peritraumático. *Psicologia em Pesquisa*, v. 14, n. 4, 2020.

BANDURA, A. A evolução da teoria social cognitiva. *Teoria social cognitiva*: conceitos básicos. Porto Alegre: Artmed, 2008.

BORTOLATO, M. *et al. Treinamento em habilidades sociais com universitários*: revisão sistemática da literatura. Psico PUCRS. (No prelo.)

CABALLO, V. E. *Manual de avaliação e treinamento das habilidades sociais.* Santos, 2006.

CABALLO, V. E.; & SALAZAR, I. C.; Equipo de Investigacion CISO--A España. Desarrollo Y Validación de un Nuevo Instrumento Para La Evaluación de Las Habilidades Sociales: El Cuestionario De Habilidades Sociales (Chaso). *Behavioral Psychology/Psicología Conductual*, v. 25, n. 1, 2017.

CONSELHO FEDERAL DE PSICOLOGIA (CFP). *CFP simplifica cadastro de profissionais na plataforma e-Psi.* Disponível em: <https://site.cfp.org.br/cfp-simplifica-cadastro-de-profissionais-na-plataforma-e-psi/>. Acesso em: 20 jun. 2022.

CONSELHO FEDERAL DE PSICOLOGIA (CFP). *Resolução nº 11, de 11 de maio de 2018. Regulamenta a prestação de serviços psicológicos realizados por meios de tecnologias da informação e da comunicação e revoga a Resolução CFP N.º 11/2012.* Disponível em: <https://site.cfp.org.br/wp-content/uploads/2018/05/RESOLU%C3%87%C3%83O-N%C2%BA-11-DE--11-DE-MAIO-DE-2018.pdf>. Acesso em: 20 jun. 2022.

HALEEM, A. *et al.* Effects of COVID 19 pandemic in daily life. *Current Medicine Research and Practice*, 2020. Disponível em: <https://www.ncbi.nlm.nih.gov/pmc/articles/PMC7147210/pdf/main.pdf>. Acesso em: 20 jun. 2022.

LIMBERGER, J. *et al.* Treinamento em habilidades sociais para usuários de drogas: revisão sistemática da literatura. *Contextos Clínicos*, v. 10, n. 1, p. 99-109, 2017.

LIMBERGER, J. *et al.* Aplicabilidade do treinamento em habilidades sociais no tratamento cognitivo-comportamental da depressão In: BALDISSERA, C.; & EICHELBERGER, M. A. (Orgs). *Saúde sob a ótica multiprofissional*: pesquisas e desenvolvimento. Chapecó: Livrologia, 2020. p. 205-212.

MOREIRA, M. B.; & MEDEIROS, C. A. *Princípios básicos de análise do comportamento.* Porto Alegre: Artmed, 2019.

ORNELL, F. *et al.* "Pandemic fear" and COVID-19: mental health burden and strategies. *Braz. J. Psychiatry*, v. 42, n. 3, p. 232-235, 2020. Disponível em: <http://www.scielo.br/scielo.php?script=sci_arttext&pid=S1516-44462020000300232&lng=en&nrm=iso>. Acesso em: 20 jun. 2022.

PAPALIA, D. E; & FELDMAN, R. D. *Desenvolvimento Humano.* Porto Alegre: Artmed, 2013.

PEIXOTO, A. C. *et al.* Habilidades sociais na promoção de saúde: preditoras da saúde mental e sexual. *Psicologia, Saúde & Doenças*, v. 19, n. 1, p. 11-17, 2018.

SALTZMAN, L. Y. *et al.* Loneliness, isolation, and social support factors in post-COVID-19 mental health. *Psychological Trauma: Theory, Research, Practice, and Policy.* 2020. Disponível em: <https://pesquisa.bvsalud.org/portal/resource/pt/mdl-32551762>. Acesso em: 20 jun. 2022.

SCHNEIDER, J. A. *et al.* Habilidades sociais e drogas: revisão sistemática da produção científica nacional e internacional. *Avances en psicología latinoamericana*, v. 34, n. 2, p. 339-350, 2016.

SEGRIN, C. Social skills deficits associated with depression. *Clinical Psy-chology Review*, v. 20, n. 3, p. 379–403, 2000. Disponível em: <http://dx.doi.org/10.1016/S0272-7358(98)00104-4> Acesso em: 20 jun. 2022.

STOREBØ, O. J. et al. Social skills training for Attention Deficit Hyperactivity Disorder (ADHD) in children aged 5 to 18 years. *Cochrane Database of Systematic Reviews*, n. 6, 2019.

WRIGHT, K. B. Communication in health-related online social support groups/communities: A review of research on predictors of participation, applications of social support theory, and health outcomes. *Review of Communication Research*, v. 4, p. 65-87, 2016.

7. Assertividade: uma prática de respeito a si e ao outro

Juliana Lopes de Farias

1. Introdução

As habilidades sociais assertivas, ou assertividade, tem sido estudada durante décadas e ganhou evidência a partir de 1970. Diversos autores deram definições diferentes para o termo (MARCHEZINI-CUNHA; TOURINHO, 2010). A partir do conceito de Lange e Jakubiwski (1976), os autores Del Prette e Del Prette (2005; 2019) definem que assertividade é o ato de expressar de maneira apropriada, os sentimentos, opiniões e desejos de forma que exista um controle entre a passividade e agressividade em situações que requer enfrentamento. Este trabalho se apoia neste conceito.

As relações interpessoais fazem parte do ciclo da vida e para obter resultados considerados favoráveis na interação, é importante que o indivíduo tenha em seu repertório, um conjunto de habilidades que atenda a demanda e os critérios de competência social (CIA *et al.*, 2006). Deste modo são indispensáveis para este processo, mesmo não garantindo um desempenho socialmente competente, contribui bastante para tal. A assertividade é uma classe das habilidades sociais que envolvem a consciência de seus deveres e direitos. Sua prática tende a favorecer relacionamentos saudáveis, bem como a autoestima (CABALLO, 2003).

Pode-se dizer que o desenvolvimento da assertividade envolve o sistema de crenças de cada indivíduo. De acordo com Beck (2013), a partir da interação com os outros, o ambiente e o mundo, o indivíduo desenvolve compreensões acerca de si mesmo, os outros e o mundo, que são chamadas de crenças. Sendo assim, a interpretação que o indivíduo faz de acordo com suas crenças, pode influenciar na escolha em adotar determinado tipo de comportamento.

Visto que a assertividade é uma classe da habilidade social e que pode ser aprendida, este capítulo tem como objetivo apresentar uma reflexão e possibilitar compreensão sobre as habilidades assertivas, a fim de incentivar sua prática em busca do respeito tanto para si, quanto ao outro.

2. O sistema de crenças e a assertividade baseada na Terapia Cognitivo-Comportamental

Durante o desenvolvimento, o indivíduo passa por diversas situações que fornecem informações importantes para o entendimento de si, dos outros e do mundo formando assim, um sistema de crenças que podem ser funcionais como também disfuncionais. Através de vivências, adquirem-se experiências moldadas por interpretações, que por sua vez, influenciam os pensamentos, comportamentos e emoções (BECK, 2013).

De acordo com Del Prette e Del Prette (2003), o sistema de crenças e o repertório de habilidades em favor da prática de assertividade pode não ser o bastante para o indivíduo se comportar assertivamente, entretanto, são fundamentais para este processo. Do mesmo modo, as crenças podem influenciar de forma positiva ou negativa, o processo de habilidades assertivas.

A falta de assertividade pode levar o indivíduo a adotar uma postura passiva ou agressiva. O comportamento passivo em uma determinada situação, por exemplo, pode inicialmente gerar uma resposta positiva ao interlocutor, ao ambiente e até mesmo ao emissor, por ter evitado algum tipo de enfrentamento. No entanto, a situação tende a se repetir em outros momentos, o que pode gerar desconforto ao emissor em médio e longo prazo. Desta forma, o resultado de uma situação, gera pensamentos, emoções e comportamentos que podem criar ou fortalecer determinado tipos de crenças no indivíduo (MEZZARROBA; SILVA, 2007).

Como classe de habilidade social, a assertividade tem contribuição importante nas relações interpessoais. Del Prette e Del Prette (2003) revelam que para agir de modo assertivo é necessário pensar assertivamente. Visto que a assertividade envolve este "pensar" sobre os direitos e deveres de cada indivíduo dentro de um determinado contexto (DEL PRETTE; DEL PRETTE, 2005), verifica-se que as crenças têm grande impacto sobre estes pensamentos.

3. Assertividade como classe das habilidades sociais

A interação social requer um repertório de habilidades em um indivíduo a fim de cumprir esta tarefa social com resultados satisfatórios (LOUREIRO, 2013). Del Prette e Del Prette (2018) indicam algumas classes de habilidades importantes para o indivíduo ao longo de sua vida, tais como: comunicação; civilidade; fazer e manter amizade; empatia; assertividade; expressar solidariamente; manejar conflito e resolver problemas interpessoais; expressar afeto e intimidade; coordenar grupo; falar em público. Os autores ainda destacam que o desempenho de tais habilidades pode variar de acordo com a etapa de desenvolvimento do indivíduo.

Nas relações interpessoais, o desenvolvimento dessas habilidades é fundamental, visto que tem por objetivo cumprir alguma demanda, seja individual ou social. De maneira que ela acontece em várias formas e em diversos ambientes como na família, escola, trabalho entre outros (CIA *et al.*, 2006). Em cada uma das situações sociais em que o indivíduo está inserido, apresenta-se um conjunto de comportamentos guiado pelo conhecimento prévio da situação e moldados pelo aprendizado.

As habilidades sociais são caracterizadas por um conjunto de comportamentos sociais, apresentados em uma demanda social, com altas chances de se tornarem bem-sucedidos e que resultam em respostas positivas tanto para o emissor, quanto para o interlocutor, o grupo, comunidade e tende a contribuir para o desempenho socialmente competente (DEL PRETTE; DEL PRETTE, 2005, 2018). Assim sendo, a maneira como o indivíduo é capaz de apresentar esse conjunto de habilidades em sua eficácia para garantir um resultado positivo, contribui para sua competência social. Entende-se por competência social, a avaliação de resultados efetivos, gerados a partir das habilidades que o indivíduo desempenha (DEL PRETTE; DEL PRETTE, 2018).

De acordo com Caballo (2003), o desenvolvimento dessas habilidades depende de alguns fatores. Deste modo, fatores como idade, sexo, educação, entre outros, devem ser considerados. Elas são aprendidas no decorrer do tempo e depende da cultura em que o indivíduo está inserido, pois o que é aceitável em alguns locais e situações pode ser inaceitável em outros.

Devido às variedades de demandas sociais, as habilidades sociais são organizadas não só por classes como também por subclasses. Como exemplo disso, a classe de habilidades assertivas que tem subclasses, tais como: manifestar opinião, concordar, discordar; fazer, aceitar e recusar pedidos; desculpar-se e admitir falhas; interagir com autoridade; estabelecer relacionamento afetivo/sexual; encerrar relacionamento; expressar raiva, desagrado, e pedir mudança de comportamento; lidar com críticas. Além disso, sua função e topografia, ou seja, a forma de desempenhar as habilidades pode variar de acordo com a cultura e contexto (DEL PRETTE; DEL PRETTE, 2018; DEL PRETTE; DEL PRETTE, 2019).

As habilidades assertivas são uma das classes de habilidades sociais e são apresentadas diante de demandas sociais que solicitam enfrentamento. Assim sendo, o indivíduo ao perceber que seus direitos foram violados, pode utilizar um comportamento de enfrentamento e expressar de forma apropriada seus sentimentos, desejos e opiniões, exibindo controle entre a agressividade e a passividade. No entanto, é interessante ressaltar que nem sempre o indivíduo pode conseguir um resultado satisfatório após um comportamento assertivo, visto que esta habilidade também envolve o risco de reação aversiva por parte do interlocutor (DEL PRETTE; DEL PRETTE, 2005; DEL PRETTE; DEL PRETTE, 2019).

Del Prette e Del Prette (2005) defendem que as habilidades assertivas podem ser desenvolvidas desde a infância e destacam algumas características envolvidas nesta habilidade, tais como: Expressar raiva e desagrado; falar de suas qualidades e defeitos; concordar ou discordar de opiniões; fazer e recusar pedidos; lidar com críticas e gozações; negociar interesses conflitantes; defender os próprios direitos; resistir à pressão de colegas; pedir mudança de comportamento. Além disso, os autores pontuam a importância de uma avaliação de contexto, à medida que tais comportamentos sejam apresentados de maneira socialmente eficaz.

O comportamento assertivo não se torna efetivo em todas as situações, por isso, a importância de avaliar o contexto e as respostas que determinado tipo de comportamento pode gerar aos envolvidos na interação e no ambiente em que ocorre (DEL PRETTE; DEL PRETTE, 2019). Ser assertivo envolve a escolha de quando ser assertivo, ou seja, deve-se levar em conta as circunstâncias, os efeitos imediatos e aqueles efeitos a médio e longo prazo (CONTE; BRANDÃO, 2007).

A assertividade, assim como outras classes de habilidades sociais, envolve além dos componentes verbais, os componentes não verbais (por exemplo, postura corporal, expressão facial, contato visual, entre outros) e paralinguísticos (por exemplo, tom de voz, tempo de fala, fluência, entre outros). No exercício da assertividade, é importante que o componente verbal esteja em sintonia com o componente não verbal (CABALLO, 2006; DEL PRETTE; DEL PRETTE, 2013).

Segundo Del Prette e Del Prette (2019), é necessário realizar um exercício de automonitoramento e autocontrole ao desempenhar as habilidades assertivas, tendo em vista que haverá um interlocutor que também precisa ter seus direitos respeitado. Deste modo, é relevante observar e avaliar o contexto e a maneira como o comportamento acontece.

4. Passividade, agressividade e assertividade

Até aqui, foi visto a importância das habilidades sociais nas relações interpessoais, principalmente, as assertivas. Ao contrário das habilidades assertivas, existem outros tipos de respostas comportamentais não assertivas, como a passividade e a agressividade que vão em desencontro com a competência social. Esses comportamentos tendem a resultar em consequências negativas tanto para o indivíduo que executa quanto para os envolvidos na interação e seu ambiente. Contudo, é importante ressaltar que o indivíduo pode variar tais tipos de comportamentos, não os tornando características comportamentais definitivas, além do mais, estes comportamentos, por serem aprendidos, podem ser reestruturados (DEL PRETTE; DEL PRETTE, 2019).

4.1. Passividade

A passividade é caracterizada pela ausência de expressão dos pensamentos e sentimentos, invalidando seus direitos e possibilitando o outro, a violar estes (CABALLO, 2003). Segundo Vagos (2006), os indivíduos que adotam uma postura passiva, deixam de lutar por seus direitos e muitas vezes colocam as necessidades do outro em primeiro lugar.

A prática da passividade pode levar o indivíduo a sentir culpa, baixa autoestima e ansiedade (CABALLO, 2003). De acordo com Mezzarroba e Silva (2003), comportamentos passivos tende a gerar sentimentos e sensações desagradáveis ao indivíduo, tais como: desrespeito, irritação, raiva, entre outros.

4.2. Agressividade

O comportamento agressivo destaca-se pela busca de seus direitos acima de qualquer coisa, ou seja, o indivíduo que adota uma postura agressiva, não se importa com os direitos do outro, fazendo valer apenas as suas vontades. O indivíduo pode até conseguir atingir o que deseja o que reforça a frequência do seu comportamento. Porém, esse tipo de postura, provoca resultados negativos, visto que o interlocutor pode se sentir ferido, desrespeitado e até revidar com a mesma agressividade, colocando em risco a relação interpessoal (CABALLO, 2003).

4.3. Assertividade

Conforme mencionado anteriormente, a assertividade é vista como a expressão de sentimentos, desejos na busca por direitos e deveres. Segundo Caballo (2003), o indivíduo que se comporta de maneira assertiva, tende a levar em consideração os seus direitos dentro de uma determinada situação bem como os direitos do outro. Desta forma, é necessário que haja responsabilidade do indivíduo dentro de uma demanda, levando em consideração os resultados de tal comportamento. Autores como Del Prette e Del Prette (2019) revelam que a empatia e a assertividade quando trabalhadas em conjunto, tende a garantir resultados satisfatório.

É interessante ressaltar que por ser uma prática que envolve um interlocutor e um ambiente, tanto a assertividade quanto a passividade e agressividade, geram respostas positivas ou negativas neste ambiente de interação, que por sua vez, pode interferir nas práticas do indivíduo (Marchezini-Cunha; Tourinho, 2010).

5. Ser assertivo é o caminho em direção ao respeito de si e do outro

Segundo Caballo (2003), o indivíduo que possui uma postura passiva desrespeita suas próprias necessidades. O autor sugere também que o emissor do comportamento passivo desrespeita o seu interlocutor, visto que não permite a este, a oportunidade de lidar com a responsabilidade de seus atos.

No que se diz respeito à agressividade, ao defender seus direitos acima de tudo e todos, sem preocupação com os direitos do interlocutor, o emissor deste comportamento, desrespeita os envolvidos na interação, colocando em risco suas relações (Conte; Regra, 2007).

A prática da assertividade envolve o respeito de si, na expressão de suas necessidades e defesa de seus direitos, mas também envolve o respeito das necessidades e direitos do outro (Caballo, 2003). Ao desempenhar a assertividade, o indivíduo tem como base, construir relações saudáveis, com respeito mútuo (Conte; Regra, 2007). Deste modo, entende-se que a as habilidades assertivas, vão de encontro ao respeito de si próprios e do outro.

6. Considerações finais

As habilidades assertivas têm um papel fundamental para demanda social, visto que o seu objetivo é garantir uma relação mais justa entre os envolvidos. Contudo, nem sempre a assertividade pode servir dentro de um determinado contexto, por isso, faz-se importante o automonitoramento bem como a autorregulação para identificar a necessidade de se colocar assertivamente (Del Prette; Del Prette, 2019).

Ao desencontro da assertividade, verificamos o comportamento passivo e agressivo. Ambos tendem a gerar respostas negativas mesmo que não imediatas, mas a médio e longo prazo. Desse modo, consideramos que adotar uma postura assertiva, é a melhor maneira de gerar relações saudáveis. Moreira (2016), declara que diversos autores se referem a assertividade como uma prática que envolve respeito dos direitos de si e do outro.

Aprender a ser assertivo é um processo, um treinamento, em busca de uma boa comunicação, respeito e de uma relação satisfatória. Ser assertivo vai além de se tornar um bom comunicador ou ter um bom comportamento. É a expressão respeitosa e um agente transformador do ambiente a sua volta, com respeito mútuo (MOREIRA, 2016).

O campo das habilidades assertivas é muito amplo em seu conceito e prática. Este capítulo limitou-se a mostrar a importância da assertividade como uma prática de respeito a si e ao outro. O objetivo foi de trazer reflexões quanto a sua importância na tentativa de contribuir no investimento de tais habilidades. Assim sendo, recomendam-se leituras dos autores referenciados neste capítulo para uma compreensão mais ampla sobre o tema.

Referências

BECK, J. S. *Terapia Cognitivo-Comportamental*: Teoria e Prática. Porto Alegre: Artmed, 2013.

CIA, Fabiana *et al*. Habilidades Sociais Parentais e o relacionamento entre pais e filho. *Psicologia em estudo*, v. 11, n. 1, p. 73-81, 2006. Disponível em: <https://www.scielo.br/scielo.php?pid=s1413=73722006000100009-&script-sci_arttext> Acesso em: 20 jun. 2022.

CABALLO, V. E. *Manual de Avaliação e Treinamento das Habilidades Sociais*. São Paulo: Editora Santos, 2003.

CONTE, F. C. S.; & BRANDÃO, M. Z. S. Quero ser assertivo! – Buscando um posicionamento sincero entre a passividade e agressividade nos relacionamentos interpessoais. In: CONTE, F. C. S.; & BRANDÃO, M. Z. S. (Orgs.). *Falo? ou Não Falo? Expressando sentimentos e comunicando ideias*. 2. ed. Londrina: Editora Mecenas, 2007.

CONTE, F. C. S.; & REGRA, J. A. G, Assertividade em Crianças. In: CONTE, F. C. S.; & BRANDÃO, M. Z. S. (Orgs.). *Falo? ou Não Falo? Expressando sentimentos e comunicando ideias*. 2. ed. Londrina: Editora Mecenas, 2007.

DEL PRETTE, A.; & DEL PRETTE, Z. A P. Assertividade, sistema de crenças e identidade social. *Psicologia em revista*, v. 9, n. 13, p. 125-136, 2003.

DEL PRETTE, Z. A. P.; DEL PRETTE, A. Psicologia das Habilidades Sociais na Infância: Teoria e Prática. Petrópolis, RJ: Editora Vozes, 2005.

DEL PRETTE, A.; & DEL PRETTE, Z. A. P. Componentes não verbais e paralinguísticos das habilidades sociais. In: A. Del Prette e Z. A. P Del Prette (orgs.). Psicologia das Habilidades Sociais: Diversidade teórica e suas implicações, pp 149-188. 3ª edição. Petrópolis, RJ: Editora Vozes, 2013.

DEL PRETTE, A.; DEL PRETTE, Z. A. P. Competência Social e Habilidades Sociais. Petrópolis, RJ: Editora Vozes, 2017, Versão Digital, 2018.

DEL PRETTE, Z. A. P.; DEL PRETTE, A. Habilidades sociais e competência social para uma vida melhor. São Carlos: EdUFSCar, 2019.

LOUREIRO, C. Treino de Competências Sociais – Uma Estratégia de Saúde Mental: Técnicas e Procedimentos para Intervenção. *Revista Portuguesa de Enfermagem de Saúde Mental*, n. 9, 2013. Disponível em: <http://www.scielo.mec.pt/scielo.php?pid=S1647=21602013000100007-&script-sci_arttext&tlng=en>. Acesso em: 20 jun. 2022.

MARCHEZINE-CUNHA, V.; & TOURINHO, E. Z, Assertividade e autocontrole: Interpretação Analítico-Comportamental. *Psicologia Teoria e Pesquisa*, v. 26, n. 2, p. 295-304, 2010. Disponível em: <https://www.scielo.br/pdf/ptp/v26n2/a11v26n2>. Acesso em: 20 jun. 2022.

MEZZARROBA, S. M. B.; & SILVA, V. L. M. Ah! É... Quando você não fala o que quer... ouve o que não gosta. In: CONTE, F. C. S; & BRANDÃO, M. Z. S. (Orgs.). *Falo? ou Não Falo? Expressando sentimentos e comunicando ideias*. 2, ed. Londrina: Editora Mecenas, 2007.

MOREIRA, A. M. C. A competência social de assertividade: estudos no primeiro ciclo do Ensino Básico. Dissertação. Ponta Delgada: Universidade de Açores, 2016. Disponível em: <https://repositorio.uac.pt/handle/10400.3/3932>. Acesso em: 20 jun. 2022.

TEIXEIRA, C. M.; DEL PRETTE, A.; DEL PRETTE, Z. A. P. Assertividade: uma análise da produção acadêmica nacional. *Revista Brasileira de Terapia Comportamental e Cognitiva*, v.18, n.2, p. 56-72, 2016.

VAGOS, P, *Assertividade e Comportamento Assertivo*: a Gestão do Eu, Tu, Nós. Departamento de Ciências de Educação, Universidade de Aveiro, 2006.

8. Intervenções no Transtorno de Ansiedade Generalizada sob a luz da Terapia Cognitivo-Comportamental

Katia Pereira Tomaz

1. Introdução

Dados recentes nos mostram o aumento de pessoas durante a pandemia que desenvolveram ansiedade e/ou outros transtornos relacionados. A pesquisa foi realizada com o grupo "ConVid – Pesquisa de Comportamentos", desenvolvida por iniciativa da Fundação Instituto Oswaldo Cruz (Fiocruz), em parceria com a Universidade Federal de Minas Gerais (UFMG) e a Universidade Estadual de Campinas (Unicamp), que 31,7% dos idosos e 69,5% dos adultos jovens desenvolveram transtornos ansiosos. E a prevalência de ansiedade em mulheres é maior. (Barros *et al.*, 2020).

Com esses índices podemos ressaltar o quão é importante este cuidado com as nossas emoções e com a qualidade da saúde mental.

No final da década de 1950, Aaron T. Beck, psiquiatra e psicanalista, sentia que para a psicanálise ser aceita na comunidade médica precisaria de teorias que comprovassem cientificamente. Iniciou os estudos com seus próprios pacientes e observou pensamentos automáticos negativos (uma ideia que aparece na mente) e que estes ligados às suas emoções. Começou a identificar, avaliar e responder aos pensamentos desadaptativos e os resultados de melhora foram surpreendentes comparados a uma medicação que existia na época, originando a terapia cognitiva e hoje utilizada como terapia cognitivo-comportamental (Beck, 2014).

Para Knapp e Beck (2008), as pesquisas mostram a efetividade da Terapia Cognitivo- Comportamental (TCC) na redução de sintomas e taxa de recorrência. Sendo considerada mais humanista e exploratória, a TCC trabalha com a mente, os sentimentos e os pensamentos. E o princípio fundamental da TCC é a maneira como cada indivíduo percebe e processa a realidade, influencia como ele se sente e se comporta.

Ao identificar os pensamentos, sentimentos e comportamentos, o indivíduo aprende a lidar de uma nova maneira, uma forma mais funcional. Abaixo segue uma tabela sobre os registros de pensamentos disfuncionais.

O registro de pensamentos disfuncionais pode ser utilizado em vários momentos, ele é um instrumento facilitador. E a partir daí tanto terapeuta como paciente podem acessar os pensamentos distorcidos e classificá-los conforme a tabela abaixo com exemplos de distorções cognitivas.

As distorções cognitivas são erros cognitivos, são pensamentos negativos, distorcidos, que impedem de fazer uma avaliação real das experiências vivenciadas pelo indivíduo. A situação é vista por um viés distorcido da realidade conforme o indivíduo a interpreta. Qual o olhar que o indivíduo está pensando para cada situação? O propósito é identificar os pensamentos, as distorções cognitivas e a partir de um novo olhar, construir novos pensamentos, mais funcionais, gerando uma melhora no estado de humor do paciente.

A proposta é o psicólogo ler as 14 distorções cognitivas e identificar quais delas o paciente observa os seus pensamentos mais habituais. Quando estamos cientes de nossos pensamentos, percebemos com maior facilidade como eles estão influenciando nosso humor (PADESKY, 2017).

2. Transtorno de Ansiedade Generalizada (TAG)

O Transtorno de Ansiedade Generalizada (TAG) é definido como um transtorno emocional. As frases "estou ansioso" ou "aquela mulher está com ansiedade" se tornaram comuns na visão da população geral. Afinal, o que é a ansiedade? E qual a diferença de ansiedade e transtorno de ansiedade generalizada?

Ansiedade é uma emoção natural presente em todos nós, podendo ser normal ou patológica. Ansiedade normal preserva a vida e favorece a adaptação ao novo, e ansiedade patológica apresenta um exagero, uma reação desproporcional em relação ao estímulo. Ansiedade patológica tende a afetar a vida do indivíduo, enquanto a normal gera movimento, atitude de superação.

São a conceituação clínica e a avaliação dos critérios do transtorno de ansiedade generalizada para diagnosticar uma emoção normal ou patológica é a durabilidade: quanto tempo, a frequência: quantidade de vezes e a intensidade: em uma escala de 0 a 10.

Segundo o *Manual Diagnóstico e Estatístico de Transtornos Mentais* (DSM-V) (APA, 2014), seguem os critérios para diagnóstico do Transtorno de Ansiedade Generalizada 300.02 (F41.1): ansiedade e preocupação, difícil controlar a preocupação, ansiedade e a preocupação estão associadas com três (ou mais) dos seguintes seis sintomas: 1. Inquietação ou sensação de estar com os nervos à flor da pele; 2. Fatigabilidade; 3. Dificuldade em concentrar-se ou sensações de "branco" na mente; 4. Irritabilidade; 5. Tensão muscular; 6. Perturbação do sono (dificuldade em conciliar ou manter o sono, ou sono insatisfatório e inquieto), esses sintomas ocorrendo na maioria dos dias por pelo menos seis meses. Para crianças um desses sintomas mencionados é o suficiente.

Na vivência das emoções que são essenciais a vida de cada pessoa existe uma forma de enfrentamento. O que seria funcional não é não sentir ansiedade, mas, sim, reconhecê-la, aceitá-la, usá-la quando possível e continuar sermos nós mesmos apesar dela. Sem emoções, nossas vidas não teriam significado. As emoções nos levam a fazer mudanças, fugir de situações difíceis ou saber quando estamos satisfeitos. Ainda assim, há muitas pessoas que se sentem sobrecarregadas por suas emoções, temerosas dos sentimentos e incapazes de lidar com elas (LEAHY, 2013).

> Os transtornos de ansiedade incluem transtornos que compartilham características de medo e ansiedade excessivos e perturbações comportamentais relacionados. Medo é a resposta emocional a ameaça iminente real ou percebida, enquanto ansiedade é a antecipação de ameaça futura. Obviamente, esses dois estados se sobrepõem, mas também se diferenciam, com o medo sendo com mais frequência associado a períodos de excitabilidade autonômica aumentada, necessária para luta ou

fuga, pensamentos de perigo imediato e comportamentos de fuga, ansiedade sendo mais frequentemente associada a tensão muscular e vigilância em preparação para perigo futuro e comportamentos de cautela ou esquiva. (APA, 2014)

Ansiedade é uma emoção, um sistema de resposta cognitiva, afetiva, fisiológica e comportamental complexo, um modo de ameaça, que é ativado quando eventos ou circunstâncias antecipadas são consideradas altamente aversivas porque são percebidas como eventos imprevisíveis, incontroláveis que poderiam potencialmente ameaçar os interesses vitais de um indivíduo (CLARK, 2012).

Existem dois modos de comportamentos que caracterizam a ansiedade: comportamentos de esquiva e segurança. Quando estamos ansiosos, evitamos e procuramos segurança, porque esses comportamentos ajudam a nos sentirmos melhor em curto prazo. Entretanto, essas formas comuns de lidar com a ansiedade também tendem a prolongá-la, tornando-a pior com o tempo (PADESKY, 2017).

Faz parte da natureza emocional o medo como uma resposta adaptativa saudável a uma ameaça ou perigo percebido à própria segurança e integridade física. Portanto, o medo pode ser mal interpretado quando ocorre em uma situação não ameaçadora ou neutra representando um perigo ou ameaça (CLARK, 2012).

O medo é uma emoção, um estado neurofisiológico automático primitivo de alarme envolvendo a ameaça ou perigo iminente à segurança e integridade de um indivíduo (CLARK, 2012).

A realização da avaliação do transtorno de ansiedade, precisamos coletar histórico de vida do paciente, fazer uma boa conceituação do caso, utilizar escalas sempre verificar se os instrumentos utilizados nessa avaliação psicológica são reconhecidos pelo Sistema de Avaliação de Testes Psicológicos (SATEPSI), desenvolvido pelo Conselho Federal de Psicologia (CFP), e averiguar os critérios do DSM-V.

3. Intervenções

O tratamento inicial é focado primeiramente na aliança terapêutica, empatia entre o psicólogo e o paciente, na construção de um empirismo colaborativo, onde os dois constroem juntos o processo da psicoterapia, o psicólogo com o seu estudo e se adaptando a necessidade do seu paciente e o paciente trazendo a sua história de vida. A próxima etapa é trabalhar com a psicoeducação, trazer elucidações sobre as emoções, os sintomas da ansiedade, a funcionalidade, o quanto afeta a vida da pessoa, a interpretação e entende, como é para sua realidade. O terapeuta realiza a conceituação do caso.

E conforme a necessidade de cada paciente, existem várias opções de técnicas que auxiliam no autoconhecimento, identificar as emoções, pensamentos e comportamentos, seriam: RPD e Distorções Cognitivas; modelo de 5 partes de Padesky: o ambiente, os pensamentos, estado de humor, comportamentos e as reações físicas, estão interligadas interferindo como um todo no indivíduo; meditação, respiração e relaxamento muscular progressivo e a imaginação.

O modelo de cinco partes auxilia na identificação dos fatores reais que descreve a dinâmica sobre a emoção, a ansiedade. A ansiedade costuma ser marcada por uma aceleração das reações físicas — taquicardia, sudorese, agitação, por exemplo: "gosto de trabalhar, mas prefiro o *home office* sem contato com ninguém". Quando surge a ansiedade, a evitação é a mudança mais esperada em resposta a ela. O pensamento é catastrófico, envolve preocupação com eventos futuros específicos e também uma preocupação generalizada. Os pensamentos ansiosos focam o presente e o futuro (PADESKY, 2017).

Segundo Goleman (1999), a meditação regular é uma ferramenta muito eficiente para regular a ansiedade, pois a pessoa ansiosa vive em estado de alerta e ameaça, e a pratica rompe as reações de fuga. Em seu livro o mesmo autor mostra várias opções de meditação como: meditar respirando, relaxando o corpo, concentrando, caminhando, o mantra e a alimentação consciente.

Outra técnica é a de respiração que de forma comportamental, pode modificar a resposta de ansiedade. Ao respirar errado pode trazer desequilíbrio de oxigênio e dióxido de carbono no corpo, o que pode causar os sintomas físicos da ansiedade, recebendo menos oxigênio. Uma das funções do coração é bombear oxigênio para o corpo pela corrente sanguínea. Se o coração recebe menos oxigênio, ele bate mais rapidamente para tentar suprir a mesma quantidade de oxigênio para o corpo. Sendo assim, a técnica de respiração auxilia no equilíbrio de forma mais eficiente se você respirar lenta e profundamente, inspirando e expirando. Se colocar uma das mãos na parte superior do tórax e a outra mão sobre o estômago, a que está sobre o estômago deve se mover para fora quando você inspira. Inspira em 3 e expira em 6. O psicólogo pode orientar que o paciente respire pela boca ou pelo nariz; respire da forma que for mais confortável para você. E que procure manter a atenção focada na respiração e no movimento das mãos. Ao perceber que sua atenção está se desviando, pode trazer novamente a atenção para a própria respiração. O psicólogo pode solicitar que o paciente pratique quatro vezes ao dia (PADESKY, 2017).

O relaxamento muscular progressivo é uma técnica na qual os principais grupos musculares do corpo são alternadamente contraídos e relaxados. O processo pode ocorrer no sentido da cabeça até os pés ou dos pés até a cabeça. Ou simplesmente onde sente a tensão. O relaxamento muscular progressivo pode levar a níveis profundos de relaxamento físico e mental. A ideia é contrair e depois relaxar os músculos da testa, dos olhos, da boca e do maxilar, do pescoço, dos ombros, da parte superior das costas, do tórax, dos bíceps, dos antebraços, das mãos, do estômago, das nádegas, da virilha, das pernas, das coxas, das panturrilhas e dos pés. Cada grupo muscular é contraído por cinco segundos e relaxado por 10 a 15 segundos. E no intervalo, respira, respira. Quando você usa o relaxamento muscular progressivo, é muito importante observar as sensações do corpo todo (PADESKY, 2017).

A criação de imagem, imaginação, pode aliviar a ansiedade. O indivíduo pode mentalizar por exemplo um caminho que já fez faz todo o trajeto, se programa antes que a situação aconteça, oferecendo segurança; pode imaginar um local agradável, observando tudo ao redor, utilizando os cinco sentidos e alcançando o bem-estar. O psicólogo pode utilizar também um som de natureza ou música de relaxamento (PADESKY, 2017).

A atenção plena e a aceitação, a respiração, o relaxamento muscular progressivo e a criação de imagens podem facilitar o manejo da ansiedade e o enfrentamento das situações ansiogênicas.

4. Considerações finais

A ansiedade é uma emoção natural. Cada indivíduo tem uma percepção do que é ameaçador e isso pode influenciar no desenvolvimento ou não da ansiedade e posteriormente, do aparecimento de um transtorno ansioso. Com o objetivo de auxiliar na pratica clinica dos profissionais de saúde mental, este capítulo pode ser um grande aliado, reunindo maneiras de intervenções no TAG.

Portanto, milhões de pessoas no mundo inteiro travam uma batalha diária contra a ansiedade clínica e seus sintomas. Esses transtornos provocam significativamente em todos os contextos sociais, populações, raças e especialmente em países em desenvolvimento enfrentam frequentes dificuldades sociais e políticas e altas taxas de desastres naturais (BECK e CLARK, 2012).

O autocuidado é uma reflexão e construção diária na vida das pessoas. Quanto maior a consciência de si mesmo, melhor o manejo emocional e a prevenção salutar.

Referências

AMERICAN PSYCHIATRIC ASSOCIATION (APA). *Manual Diagnóstico e Estatístico de Transtornos Mentais (DSM-V)*. Porto Alegre: Artmed, 2014.

BARROS, Marilisa Berti de Azevedo *et al*. Relato de tristeza/depressão, nervosismo/ansiedade e problemas de sono na população adulta brasileira durante a pandemia de COVID-19. *Epidemiologia e Serviços de Saúde [online]*. v. 29, n. 4 Disponível em: <https://doi.org/10.1590/S1679-49742020000400018>. Acesso em: 20 jun. 2022.

BECK, Aaron T. *Cognitive Therapy and the Emotional Disorders*. New York: International Universities Press, 1976.

BECK, Judith S. *Cognitive therapy*: basics and beyond. New York: Guilford Press, 1995.

BECK, Judith S. *Terapia cognitivo-comportamental*: teoria e prática. 2. ed. Porto Alegre: Artmed, 2014.

BECK, Aaron T.; & CLARK, David A. *Terapia cognitiva para os transtornos de ansiedade*: ciência e prática. Porto Alegre: Artmed, 2012.

GOLEMAN, Daniel. *A arte da meditação*: um guia para a meditação. Rio de Janeiro: Sextante, 1999.

KNAPP, Paulo; BECK, Aaron T. Fundamentos, modelos conceituais, aplicações e pesquisa da terapia cognitiva. *Rev. Bras. Psiquiatr.*, v. 30, supl.

2, p. s54-s64, Oct. 2008. Disponível em: <http://www.scielo.br/scielo.php?script=sci_arttext&pid=S151644462008000600002&lng=en&nrm=iso> Acesso em: 20 jun. 2022.

LEAHY, Robert L. *Regulação emocional em psicoterapia*: um guia para o terapeuta cognitivo-comportamental. Porto Alegre: Artmed, 2013.

PADESKY, Christine A., & GREENBERGER, Dennis. *A mente vencendo o humor*: mude como você se sente, mudando o modo como você pensa. 2. ed. – Porto Alegre : Artmed, 2017.

9. Estratégias clínicas da Terapia Cognitivo-Comportamental para depressão

Lidiane Calil
Raquel Magalhães de Mello

1. Introdução: o que é a depressão?

A depressão é um transtorno mental caracterizado por tristeza persistente e pela perda de interesse em atividades que normalmente são prazerosas, acompanhadas da incapacidade de realizar atividades diárias. A depressão é diagnosticada geralmente como consequência de um tipo de desregulação emocional, com traços disfuncionais. Em geral, as pessoas diagnosticadas com depressão expressam dificuldades em identificar algumas emoções positivas, geralmente a tristeza, assim, a desregulação se alia com estas formas de depressão.

Os sintomas fundamentais de um quadro depressivo são humor deprimido e perda de interesse ou prazer. Muitas vezes o paciente descreve o humor deprimido como uma sensação distinta da tristeza ou do luto, e podem referir que, apesar da angústia, não conseguem chorar, um sintoma que se resolve quando melhoram. Alguns pacientes parecem não ter consciência da qualidade distinta do seu humor, não mencionando a alteração do humor como uma queixa. Geralmente, os pacientes referem desesperança, tristeza, sentimentos de inutilidade, falta de energia e culpa excessiva. A maioria dos pacientes deprimidos se queixa de falta de energia, tem dificuldade de concluir tarefas, mau desempenho na escola ou no trabalho e menos motivação para desenvolver novos projetos. Em geral, é nesse momento que eles buscam por ajuda, pois os prejuízos se tornam mais evidentes. Como sintomas também temos a alterações no sono e no apetite, que pode ser para mais ou para menos. A ansiedade é um sintoma muito comum nos pacientes deprimidos, assim como diminuição da libido.

Segundo dados da OMS, em 2019 a depressão acometeu 3 a 5% da população em geral, estima-se que mais de 300 milhões de pessoas sofram com ela. Um processo de tristeza profunda e a depressão são diferentes. A condição é diferente das flutuações usuais de humor e das respostas emocionais de curta duração aos desafios da vida cotidiana. Especialmente, quando de longa duração e com intensidade moderada ou grave, a depressão pode se tornar uma crítica condição de saúde. Ela pode causar à pessoa afetada um grande sofrimento e disfunção no trabalho, na escola ou no meio familiar. Na pior das hipóteses, a depressão pode levar ao suicídio. Portanto, avaliamos o nível da depressão, a partir dos prejuízos que ela proporciona ao indivíduo. Cerca de 800 mil pessoas morrem por suicídio a cada ano (vide capítulo 10 deste livro) sendo essa a segunda principal causa de morte entre pessoas com idade entre 15 e 29 anos.

Esses mesmos dados de 2019 mostram que cerca de 5,8% da população brasileira sofre de depressão – um total de 11,5 milhões de casos. O índice é o maior na América Latina e o segundo maior nas Américas, atrás apenas dos Estados Unidos, que registram 5,9% da população com o transtorno e um total de 17,4 milhões de casos.

Quando pensamos em um quadro depressivo, é muito importante identificar se houve uma mudança clara a partir de um padrão anterior de comportamento, e se os sintomas estão levando a prejuízos nas várias áreas da vida do paciente. Ou seja, a falta de interesse por determinadas atividades, deve ser comparado a um interesse anterior. O tempo em que os sintomas apareceram também é um fator essencial para um diagnóstico preciso. A partir de 2013, com o lançamento do *Manual Diagnóstico e Estatístico de Transtornos Mentais* (DSM-V), considera-se que a duração dos sintomas deve ser no mínimo de duas semanas ou mais para que seja considerado depressão. O mais importante é ter em mente que um episódio depressivo não é um quadro passageiro ou meramente uma variação de humor, mas um estado prolongado e com uma intensidade que ultrapassa um estágio de tristeza eventual.

O objetivo deste capítulo é descrever sobre a depressão, atualizar sobre a prevalência do transtorno de humor na população e apresentar as novas intervenções pela luz da abordagem cognitivo-comportamental.

2. Técnicas para o tratamento da depressão

Um dos primeiros pontos que o terapeuta cognitivo-comportamental trabalha em um caso de depressão é entender que o paciente passa por um momento particular, ou seja, é necessário verificar qual o grau de funcionamento do paciente, pois pacientes graves estão em um círculo vicioso de desanimo e sua mobilidade cognitiva e comportamental é mínima, o que interfere diretamente nas técnicas utilizadas.

Um dos primeiros passos para o tratamento da depressão e de outros transtornos da terapia cognitivo-comportamental é a utilização da psicoeducação. Quanto mais um paciente tem informações sobre suas condições de saúde e de seu funcionamento disfuncional, mais comprometido ele estará com seu tratamento, que se baseia no ensino de princípios e conhecimentos psicológicos relevantes.

Tursi-Braga (2014) aponta que as intervenções de psicoeducação têm como ideia básica aumentar o conhecimento da depressão e, desta forma, fazer com que os pacientes tenham capacidade de gerenciar sua doença, para então terem uma melhor qualidade de vida.

Entender sobre a depressão, como ela atua tanto fisicamente quanto emocionalmente ajudará ao cliente a desenvolver um repertório de estratégias, com objetivos promissores nas mudanças comportamentais e funcionais. A psicoeducação não envolve apenas o diagnóstico, mas também o curso da doença, o relacionamento do paciente com ela e como a família está fazendo parte deste círculo. Neste ponto, a família terá um papel importante no tratamento, pois será com eles que o terapeuta terá uma parceria para apoiar o paciente. A família como suporte pode auxiliar no entendimento do transtorno e na evolução da melhora do cliente. Desta forma, a família poderá auxiliar ao cliente a identificar os sinais de uma possível crise, na aderência ao tratamento, na regulação do humor e no autoconhecimento.

Quando o terapeuta trabalha com a psicoeducação no início e durante todo o processo terapêutico, além de reforçar a aliança terapêutica, coloca o paciente no gerenciamento de sua saúde, fator que é essencial para que ele possa melhorar e prevenir recaídas.

Como exemplo de um caso clínico, tem-se um adolescente, com 17 anos na época, que apresentava um quadro de bipolaridade, com episódios depressivos graves, incluindo tentativa de suicídio. Em parceria com o psiquiatra, foi iniciado o tratamento com a psicoeducação com ele e sua família. No começo, foi feita a apresentação e o entendimento das emoções e como estas reagem dentro do modelo cognitivo. No início, o paciente achou engraçado e muito básico, brincando sobre não precisar entender ou reconhecer suas emoções, pois já as sabia. Com o passar do tempo, a importância da psicoeducação das emoções se destacou no quesito de como estas reagem no corpo de cada pessoa, para que fosse possível a realização da sua regulação. A psicoeducação foi um fator primordial dentro deste processo terapêutico, pois tanto o adolescente como a família não aceitavam o diagnóstico de bipolaridade e não conseguiam aderir ao tratamento psicológico e psiquiátrico. Depois de algumas sessões iniciais voltadas para a psicoeducação, o paciente e sua família conseguiram seguir em frente com o tratamento, e hoje o mesmo se encontra trabalhando, namorando, estudando e com planos futuros, porém ainda continua o tratamento como manutenção.

É importante ressaltar que, nesse momento da terapia, devemos usar todos os recursos disponíveis, bem como a criatividade, e que estejam dentro da conceitualização do caso, descrita no capítulo 1 deste livro, tais como: vídeos educativos, textos e livros sobre o assunto, cartas de psicoeducação, filmes, músicas entre outras coisas.

Além da importância da psicoeducação no âmbito terapêutico, esta possui função social no que tange a melhorar a qualidade de vida das pessoas, de forma ética e precisa, sendo difundida por meio da internet.

A descrição e planejamento de atividade é uma técnica voltada para a ativação do comportamento. Quando se aplica essa técnica, muitas vezes o terapeuta irá ouvir frases como: "Não faço nada, sou um inútil", "Só fico pensando na vida", " Só dou despesa, não produzo nada", e assim por diante. Esses pensamentos automáticos revelam que o paciente está passando por um momento particular e a tríade cognitiva, conforme descreve Beck (2012), revela a negatividade e a desesperança. Portanto, a empatia, neste momento, poderá auxiliar ao paciente na atividade, mostrando-lhe os benefícios de realizar e neutralizar pensamentos negativos voltados ao fracasso da atividade.

O paciente em qualquer atividade poderá apresentar certa resistência e não conseguir completar a tarefa proposta, pois se encontra desmotivado e acredita não conseguir. Daí a importância do terapeuta desenvolver uma boa aliança para que juntos ocorra à instilação de esperança para mudança.

Outro exemplo na clínica, o qual um paciente que apresentava estado depressivo grave, já medicado por um psiquiatra, e não acreditava que a terapia iria fazer efeito. Como de costume no estado depressivo, se observa a tríade cognitiva sobre a visão negativa de si mesmo, do outro e do futuro. O fato desse paciente não estar produzindo há alguns meses, ter declarado falência e sua esposa sustentar a casa era preceptor de um sentimento de fracasso total. Chegou à terapia sem conseguir sair da cama e querendo somente ficar sozinho. Após a aliança terapêutica estabelecida, foi possível iniciar a descrição e a elaboração de uma agenda de atividades. As crenças disfuncionais desse referido paciente eram de muito fracasso. Foi psicoeducado diante das possibilidades de mudanças e realizou-se a ativação comportamental. Este caso clínico validou a importância da conceituação cognitiva para elaborar um plano de tratamento mais efetivo.

Após algumas tentativas, a terapeuta ofereceu a "paneloterapia", nome dado por ela e pelo cliente a uma atividade que poderia ser terapêutica e motivacional, por ser um *hobby* do cliente. A primeira atividade, que ele executou, foi fazer a massa de um macarrão. Depois dessa primeira atividade que ele conseguiu executar, a motivação foi retornando aos poucos e isso possibilitou a elaborar uma agenda mais diversificada, inclusive com saídas com a família. A "paneloterapia" restabeleceu o funcionamento do paciente, fazendo com o mesmo voltasse a se sentir produtivo, e o tirando do isolamento e círculo vicioso de pensamentos negativos.

3. Técnicas de *Mindfulness*

As técnicas de *Mindfulness* na TCC referem-se essencialmente à atenção plena, ou seja, atenção ao momento presente, interno e externo, conforme já abordado no capítulo 5 deste livro.

Pizutti (2019) descreve sobre a tríade negativa, onde a desesperança toma conta:

> A adaptação ao estresse ambiental é um dos processos regulatórios biológicos mais importantes. O estresse crônico produz desregulações de longo prazo em várias funções homeostáticas importantes, como os ritmos circadianos, e os sistemas endócrino e imune, alterações que em muitos casos estão associadas ao surgimento de sintomas depressivos. Os fatores encontrados associados à depressão são bastante extensos, envolvendo a interação das experiências iniciais de desenvolvimento, vulnerabilidades biológicas, características psicológicas e outros tipos de contribuições socioambientais.

Sendo assim, o ciclo de estresse teria papel preponderante nas contribuições socioambientais da pessoa.

> O estresse interage com as características de personalidade individuais, resultando em uma maior ou menor vulnerabilidade ao desenvolvimento de sintomas depressivos. Pode ocorrer uma interação que desencadeie uma adaptação positiva no indivíduo, resultando em reforço do equilíbrio do organismo e da melhora das capacidades de estar equilibrado, ou seja, uma interação bem-sucedida. Essa interação desencadeia uma modificação plástica, que gera crescimento pessoal diante da adversidade. Entretanto, quando essa interação não é bem-sucedida ela pode dar início a um processo de adoecimento, no qual o desequilíbrio gerado fica presente, podendo inclusive interagir com os eventos estressantes, aumentando a pressão na direção da patologia. (PIZUTTI, 2019)

Em um mundo em que a aceleração e o estresse fazem parte do cotidiano das pessoas, as técnicas voltadas para a atenção plena têm efetividade nas respostas funcionais e comportamentais dos indivíduos. Sendo assim, separamos duas técnicas relevantes oriundas da abordagem cognitivo-comportamental.

Segundo Beck (2012), um dos sintomas do processo depressivo é o pensamento ruminativo negativo, a técnica de atenção e respiração trabalha na interrupção desse processo e leva o pensamento ao pano de fundo, auxiliando o paciente a sair do processo de ruminação. Da mesma forma, aumenta o repertório para que ele possa gerenciar esse processo.

Nesse protocolo, segundo o mesmo autor acima citado, o paciente é convidado a experimentar a técnica, importante a relação terapêutica estar estabelecida, pois a confiança do paciente é fundamental. Depois de aceitar, você o convida a fechar os olhos e começar a trabalhar a respiração, verificando o percurso da mesma, deixando os pensamentos como pano de fundo. A atenção será dispersa, dessa forma o terapeuta solicita ao paciente a experiência da respiração. Após a realização da técnica de atenção e respiração, o terapeuta pode questionar ao cliente sobre o que ele sentiu e como percebeu o processo cotidiano da ruminação.

4. Técnica do escaneamento e dos micropassos

Pizzuti (2019) aponta que a técnica de escaneamento do corpo possui alguns objetivos importantes como: relação atencional, emocional, diminuição da ruminação, aumento de atenção plena, compaixão, curiosidade, paciência entre outros. Ao iniciar a execução da mesma, faz-se necessário que o paciente fique confortável. A melhor posição é deitada. Ao solicitar que ele tome consciência de seu corpo, da respiração e da posição que ele está, poderá começar uma viagem pelo seu corpo, guiada pelo terapeuta. Faz-se importante que este conduza o experimento ressaltando o não julgamento, a percepção das partes do corpo e a demonstração de autocompaixão e bondade. É importante o terapeuta fazer parte do processo. Ao final deste trabalho, o terapeuta pode realizar a técnica do inquérito, que é investigar o que aconteceu durante o processo, para que o paciente possa identificar e expressar as emoções. Outro ponto crucial é que haja abertura para um diálogo curioso sobre as sensações.

Beck (2012) apresenta a técnica dos micropassos que visa a esclarecer que a depressão pode ser vista pelo paciente como incapacitante, a função de estabelecer passos pequenos é essencial para o comprometimento do paciente. Ao utilizar os micropassos para o paciente, se faz importante que o terapeuta orienta para a diminuição das barreiras que podem ocorrer para a não realização deste processo, ou seja, o que poderá impedi-lo de realizar o passo e como contornar essa situação.

A orientação da técnica de micropasso é que cada passo tenha um grau de dificuldade pequeno para que o paciente possa trabalhar as pequenas vitórias e dessa forma se energizar para os próximos passos.

> O feedback concreto contínuo fornece ao paciente novas informações corretivas sobre sua capacidade funcional ". (...) Na grande maioria das vezes, as ideias do paciente se centram numa crença de que não pode fazer nada ou de que não pode desempenhar aquela tarefa específica, é importante que o terapeuta fracione uma tarefa grande em pequenas partes ou etapas, começando então com uma primeira etapa relativamente simples, que esteja razoavelmente seguro de que o paciente pode completar. À medida que o paciente encerra cada etapa, passa para a parte seguinte. (BECK, 2012)

Para ilustrar essa intervenção, uma paciente com processos de depressão intercalados com ansiedade não conseguia e nem queria sair da cama. A técnica do micropasso foi fundamental para que a mesma pudesse criar atividades no seu dia-a-dia e conseguir sair da inércia. É importante nesse pequeno passo que seja algo prazeroso para o paciente ou que já tenha sido no passado, para que sirva de estímulo. Vencer o pensamento automático negativo e a sensação de merecimento de ficar sem fazer nada pode causar desconforto ao paciente. Entretanto, ao vencer esse desconforto começa uma mudança significativa na percepção das sensações do cliente. As vitórias são essenciais e deverão ser reforçadas por estímulos positivos. Neste caso em particular, algo que deu certo foi o envio de fotos das atividades realizadas e a construção de um mural para a mesma, estimulando suas vitórias.

5. Considerações finais

A depressão vem sendo estudada há algum tempo, no entanto, nunca com dados crescentes tão assustadores. Em uma sociedade onde durante muito tempo os transtornos psicológicos eram vistos como loucura e o diferente era excluído da sociedade ocorreu uma explosão de dores em 2020, com o COVID-19. A partir daí, a depressão, infelizmente, assumiu um papel de liderança.

A era da instabilidade assusta a todos na sociedade. Saber lidar com a inconstância situacional é um processo de evolução e amadurecimento. A terapia pode auxiliar neste processo onde muitos indivíduos não conseguem ter a absorção dos acontecimentos com simplicidade e naturalidade. A incerteza é uma ameaça, a raça humana percebeu que não existe mais segurança em nada e isso é extremamente assustador para a sociedade, que achava que controlava o futuro. Nesse contexto, observa-se que as pessoas se perdem em sofrimentos e apresentam clássicos transtornos de ansiedade e depressão, nos quais a tríade cognitiva é marcada na negativa e na desesperança em relação a sua vida.

A Terapia Cognitivo-Comportamental é uma abordagem de muita efetividade e está em crescente atualização de acordo com a mudança que o mundo atual apresenta no dia a dia. A ciência é composta por vários experimentos e pesquisas que se tornam bases e suportes nos treinamentos dos profissionais que atuam na área da saúde mental. Ser psicólogo, por exemplo, e poder ajudar efetivamente a humanidade é uma missão de constante reinvenção de planejamentos e recursos para que tanto na prevenção quanto no tratamento dos transtornos emocionais seja oferecido à sociedade como respaldo de qualidade de vida.

Referências

AMERICAN PSYCHIATRIC ASSOCIATION (APA). *Manual Diagnóstico e Estatístico de Transtornos Mentais (DSM-V).* Porto Alegre: Artmed, 2014.

BECK, Aaron *et al.* terapia cognitiva da depressão. Editora Zahar. Rio de Janeiro, 2012.

PIZUTTI, L. T. Abordagens inovadores em sintomas depressivos: a importância da melatonina e de uma intervenção baseada em *Mindfulness.* Programa de Pós-Graduação em Psiquiatria. Universidade Federal do Rio Grande do Sul, Rio Grande do Sul, 2019.

TURSI-BRAGA, M. F. de S. *Eficácia da psicoeducação para pacientes com depressão unipolar.* Faculdade de Medicina. Departamento de Neurociência e Ciências do Comportamento. Universidade de São Paulo. Ribeirão Preto, 2014.

10. Intervenções e prevenções no suicídio pela Terapia Cognitivo-Comportamental

Cristiane Vidal Barbosa
Liliane Aparecida Módena

1. Introdução

Compreender sobre o suicídio na clínica visa a alcançar uma forma de viabilizar estratégias que possam minimizar a dor de quem só visualiza a morte como solução para acabar com sua dor. Este tema necessita ser pormenorizado e estudado uma vez que se observa um número crescente de óbitos, através desta prática. Pela visão popular, não há uma compreensão do real motivo que uma pessoa chega a tirar sua vida, e há um forte estigma que impede a busca por ajuda. Os profissionais de saúde mental cada vez mais buscam conhecimento para intervir neste processo de sofrimento e dor, que envolve o sujeito que adoece e esquece sua identidade.

Sabe-se que este é um fato que ocorre no mundo inteiro, e se estima que por ano 800 mil pessoas morrem por suicídio. Segundo a Organização Mundial da Saúde, "O suicídio representa 1,4% de todas as mortes em todo o mundo, tornando-se, em 2012, a 15ª causa de mortalidade na população geral; entre os jovens de 15 a 29 anos, é a segunda principal causa de morte" (OPAS; & OMS, 2017).

O cenário apresenta muita relevância e passa a ser um assunto de atenção e saúde pública. A compreensão deste fato de forma contextualizada mostra o quanto é complexo e multifatorial. Neste capítulo, pretende-se contribuir com a conscientização e compreensão dos leitores para estimular processos de ajuda, prevenção e intervenção, bem como diminuir estigmas, para que o sujeito que está em sofrimento, possa buscar apoio profissional e desta forma evitar às tentativas de suicídio e óbito.

2. Sobre o suicídio

O suicídio é a forma pela qual o sujeito em sofrimento psíquico causa a própria morte, com a finalidade de eliminar toda a dor. Envolve vários fatores, que são: socioculturais, genético, psicodinâmico, filosóficos, existenciais e ambientais.

> Chama-se suicídio todo caso de morte que resulta direta ou indiretamente de um ato, positivo ou negativo, realizado pela própria vítima e que ela sabia que produziria esse resultado. A tentativa é o ato assim definido, mas interrompido antes que dele resulte a morte (...). (DURKHEIM, 2013, p. 14)

Expressões como "não vejo sentido em nada", "minha vida não tem sentido", "quando olho ao redor, só consigo ver uma saída", "não faço falta" são alguns dos enunciados expressos por pessoas que de alguma forma perderam o sentido de viver e/ou não suportam a intensidade da dor. "Outros pensamentos, exemplificados e ditos por alguém com transtorno de humor grave com ideação suicida são: "sinto raiva, porque essa pessoa parece meu algoz", sinto-me prisioneira dessa pessoa" e "estou vendo sombras negras me cercando", frases ditas por uma pessoa que não suportou a dor: "se eu não tivesse ali, a vida das pessoas seria melhor", "se eu estivesse morto, seria melhor".

Diante desse panorama, vários estigmas permeiam a questão do suicídio e isso acaba por dificultar a intervenção e prevenção. Uma vez que pode ser considerado por muitos como um ato egoísta. Ao mesmo tempo em que o indivíduo que pretende pôr fim a vida, ao ter que ser acompanhado/vigiado por alguém próximo, como uma medida de segurança e, ao mesmo tempo, se sente sufocado (DURKHEIM, 2013).

3. Conceituação da saúde mental

O relatório sobre saúde mental (OMS, 2001) traz um novo olhar sobre o tema, de forma a oferecer uma nova compreensão, e trouxe 10 recomendações que envolvem cuidados primários, medicamentos psicotrópicos, cuidados na comunidade, educação sobre o tema, envolvimento da comunidade e família, estabelecimento de programa, legislação e políticas, preparação de recursos humanos, vínculos com outros setores, monitoramento da saúde e apoio de mais pesquisas.

Como definido pela OMS (2001), "(...) saúde é um estado de completo bem-estar físico, mental e social e não apenas a mera ausência de doença ou enfermidade". Diante deste conceito, se torna importante trazer discussões acerca deste tema, que é interdependente da saúde física e social.

> A saúde mental é tão importante como a saúde física para o bem-estar dos indivíduos, das sociedades e dos países. Não obstante, só uma pequena minoria dos 450 milhões de pessoas que apresentam perturbações mentais e comportamentais está a receber tratamento. Avanços na neurociência e na medicina do comportamento já mostraram que, como muitas doenças físicas, estas perturbações resultam de uma complexa interação de fatores biológicos, psicológicos e sociais. Embora ainda haja muito por aprender, já temos os conhecimentos e as capacidades necessários para reduzir o peso que as perturbações mentais e comportamentais representam em todo o mundo. (WHO, 2014)

O suicídio é um processo que normalmente está caracterizado como uma comorbidade associada a um diagnóstico de saúde mental ou crônica, moderado ou grave. De acordo com a OMS, a depressão unipolar ou bipolar, dependência de substâncias psicoativas, câncer, cardiopatias, ou, ainda, as psicoses e os transtornos de personalidade borderline podem ser bases para um profissional de saúde ficar mais atento e investigar se o paciente tem a ideação ou plano suicida (WHO, 2014).

4. Aspectos clínicos da prevenção

A prevenção ao suicídio deve ter seu início na elaboração de campanhas e ações que ofereçam melhor qualidade de vida para pessoas com transtornos mentais e redução dos fatores de riscos (OMS, 2001). Compreende-se que se deve dar importância à mobilização de campanhas, como setembro amarelo até a quebra de tabu e maior investigação sobre as doenças emocionais.

Cabe também destacar a relevância de uma equipe multidisciplinar para fortalecimento da saúde mental do sujeito que pensa em "matar sua dor", a fim de que este atendimento possa ser mais humanizado e, desta forma, haja uma rede de proteção. A pessoa que permeia uma crise emocional ou vivencia um transtorno mental passa por uma angústia intolerável que a faz pensar em findar a vida. Perante esse transtorno, o cliente perde o sentido e o controle da sua vida (BOTEGA, 2015).

Botega (2015) ressalta que o cliente quando está em psicoterapia facilita o processo de manejar os riscos presentes e acolher a pessoa traçando um plano de segurança para controlar as variáveis intervenientes que controlam a ideação suicida. Para ajudar o cliente que está em sofrimento psíquico, a Terapia Cognitivo-Comportamental (TCC), pode contribuir através da utilização de vários protocolos ajustados a demanda específica de cada pessoa.

Mello (2014) descreve sobre a TCC como uma abordagem em desenvolvimento e que possibilita maior flexibilidade para utilização de várias estratégias que irão contribuir para o maior bem-estar do cliente. Associada à TCC, as terapias da terceira onda possibilitam uma intervenção transdiagnóstica que favorece uma compreensão das vantagens no manejo das emoções.

> Baseada numa abordagem empírica e em princípios, a terceira onda da terapia comportamental e cognitiva é particularmente sensível ao contexto e às funções dos fenômenos psicológicos, não apenas à sua forma, e por isso tende a enfatizar estratégicas de mudanças contextuais e experimentais em acréscimo às mais diretas e didáticas. Esses tratamentos procuram buscar a construção de um repertório [de comportamentos] amplo, flexível e efetivo em vez de uma abordagem muito específica para problemas definidos de maneira muito estreita. (HAYES, 2004)

Como exemplo das terapias contextuais, tem-se: Terapia Dialética Comportamental, Terapia de Aceitação e Compromisso, Terapia Focada na Compaixão, Terapia Focada nos Esquemas, Terapia Focada nas Emoções,

Terapia Metacognitiva, Terapia de Modificação do viés atencional e, ainda, Terapia Cognitiva Processual (HAYES, 2004; MELLO, 2014; OLIVEIRA, 2016). Todas são agregadas à abordagem da TCC e têm como atender a singularidade de cada cliente após uma conceitualização de casos bem-feita.

5. Fatores de risco e de proteção

Os fatores de riscos são oriundos de traumas vivenciados em situações, experiências negativas, muitas vezes amparadas por crenças e emoções intensas, frequentes e duradouras. Estes fatores aumentam a probabilidade de problemas emocionais e sociais. Podem-se citar alguns fatores, tais como: conflitos familiares, dificuldades econômicas, abuso físico; emocional e sexual, *bullying*, entre outros. A presença desses traumas sem que haja fatores de proteção, pode impactar o sujeito que se encontra em vulnerabilidade emocional. Sabe-se que há uma tríade cognitiva relacionada ao suicídio que são: desesperança, visão negativa de si e do mundo. Acompanhada a essa tríade, há déficits nas habilidades cognitivas, comportamental e afetiva na pessoa que pensa em suicídio.

Assim como é importante identificar os fatores de risco, faz-se necessário definir os fatores de proteção. Estes são essenciais para a prevenção e também, colaboram na rede de apoio no trabalho terapêutico do cliente. Como fatores de proteção, citam-se: a família, amigos, escola/ faculdade, atividades físicas, lazer e a espiritualidade. Vale salientar que a espiritualidade como fator de proteção proporciona ao cliente um sentido e uma busca pessoal na vida, além de oferecer esperança e compreensão para determinadas situações cotidianas (DURKHEIM, 2013).

É importante que no manejo terapêutico haja a aliança criada pelo psicoterapeuta e cliente, que é o sujeito de sua própria história, para melhor compreensão do adoecimento. Visto que, muitas vezes, o cliente que apresenta comportamentos e pensamentos suicidas não busca a psicoterapia por vontade própria, mas através de um familiar ou amigo que desconhece as maneiras de lidar com esta situação. O cliente, em seu sofrimento, muitas vezes acaba por se afastar de seus entes queridos, por este motivo ter na família alguém a quem possa ser um suporte no momento de crise pode contribuir de forma significativa.

Então, um dos passos prioritários é a formação de parcerias através de psicoeducação, a qual ajuda a diminuir estigma e ampliar as redes de apoio (BOTEGA, 2015).

Sabe-se que, quando se deparam com uma pessoa que apresenta a tentativa de suicídio, a família e amigos podem ter reações adversas, tais como: sentimentos e pensamentos ambivalentes, entre querer socorrer e proteger ou banalizar. Esse comportamento ambivalente é considerado normal, pois há um desgaste emocional intenso, onde a situação que envolve cuidados e mudanças surpreende a todos.

> De acordo com o Dr. Neury no livro "Crise Suicida – avaliação e manejo" "Quando a família entra em contato com a crise suicida de um de seus membros, há uma explosão de sentimentos e de reações, geralmente de natureza contraditória: preocupação, medo, raiva, acusação, frustração, banalização, esperança, culpa, disponibilidade, superproteção, cansaço, irritação e hostilidade. Ao mesmo tempo em que amigos e familiares se preocupam, eles podem se sentir muito desconfortáveis diante do comportamento do paciente. É normal a ambivalência, é normal não saber ao certo como agir, e também é normal dizer ou fazer algo para logo depois se arrepender". (BOTEGA, 2015, p. 168)

Portanto, a urgência neste período se faz por, pelo menos, um encontro mensal com a equipe de apoio, que deverá ser combinado com todos para orientar, psicoeducar, buscar informações, traçar estratégias, verificar progressos e apoiar também com a escuta a essas pessoas que estão mais envolvidas no caso e desta forma diminuir estigmas, ansiedade e expectativas.

Ter uma rede de apoio significa ter um grupo de pessoas que se unem para ajudar, compartilhar, apoiar, orientar e trabalhar a prevenção, de forma a não deixar a pessoa cair, podendo ser composto por profissionais, amigos, família, de espiritualidade, de instituições e grupos específicos. É importante destacar que assim como esta rede de apoio possa ser de proteção, também pode ser preditivo para o comportamento suicida.

> Além de referirem em seus trabalhos que a rede de apoio social possa ter um papel protetor dentro do comportamento suicida, eles dão ênfase à necessidade de serviços fornecidos à sociedade,

com o intuito, não apenas de acompanhamento psicológico ou psiquiátrico aos pacientes, e sim, com a intenção de informação e instrução aos familiares e cuidadores destes pacientes, visando esclarecer comportamentos que possam sinalizar uma possível tentativa de suicídio, aconselhamentos a fim de evitar novas tentativas. (MAGNE-INGVAR, 1999; NIRUI, 1999)

A participação da família ou o responsável afetivo em todo o processo terapêutico é de extrema importância, pois configura um fator de proteção, lembrando que o sigilo da sessão é aberto apenas nestes casos e os clientes são comunicados sobre a atitude do profissional. Diante destes procedimentos a família, também poderá se sentir acolhida no momento em que sentimento de culpa, rejeição e desesperança estão presentes. Em muitos casos, faz-se necessária a terapia familiar (MAGNE-INGVAR, 1999; NIRUI, 1999).

Outro fator importante é a espiritualidade que funciona como um suporte importante e fundamental para aquele que enfrenta uma crise, pois esta promove uma visão e um estilo mais positivo e saudável e de esperança.

Estudos comprovam que pessoas mais espiritualizadas, independentemente da religião, demonstram ser menos violentas, são mais solidárias, cometem menos suicídio, ficam menos tempo internadas nos hospitais, geralmente têm mais qualidade de vida, além aceitarem as adversidades da vida de forma mais positiva. (FERREIRA, 2014, p. 28)

Sendo a espiritualidade inerente ao trabalho do psicólogo, ela também pode ser acessada como uma estratégia de apoio à pessoa que sofre. O fortalecimento das crenças em algo divino pode trazer ao indivíduo adoecido um propósito ou aumentar os recursos pessoais e sociais ao redor do mesmo (FERREIRA, 2014).

Devido à complexidade deste tema, torna-se importante a articulação com outros profissionais que, de alguma forma, possam contribuir para ajudar este paciente que se encontra entre o viver e morrer. Este trabalho quando bem estruturado, pode ser uma estratégia efetiva e segura, que vai promover diferentes ações para a mesma pessoa. Articular essa rede, hoje em dia, é muito mais fácil em clínica, uma vez que o suporte da tecnologia permite uma maior abrangência de encontro.

Em geral as campanhas nas redes públicas e tecnológicas fazem-se necessária devido a atenção em que se destina a temática psicoeducativa e interventiva do suicídio. Essas campanhas ampliam o olhar da população diante da prevenção trazendo estratégias de enfrentamento e novos conhecimentos. Ao longo de muitos anos, o Centro de Valorização da Vida (CVV) oferta apoio emocional vinte quatro horas por dia através de ligações, e-mails, chats, demonstrando uma ajuda inicial a quem passa por uma crise.

A internet pode ainda favorecer, entre outros diversos aplicativos como ferramentas de fácil acesso às plataformas de redes sociais. Dispositivos foram desenvolvidos para que pessoas que estejam postando algo que seja um possível indicativo de crise emocional ou indício de ideação ao suicídio possam receber um apoio naquele momento. Com esse mesmo intuito de prevenção nas redes sociais, o Instituto Vita Alere disponibiliza várias cartilhas para abordar de forma segura o tema suicídio, além de outros materiais importantes para o trabalho de luta por suicídio e prevenção. Existe ainda um aplicativo, que se encontra disponível no *Play Store*, que se chama "Tá tudo Bem?". Esse aplicativo foi elaborado por uma por uma jovem que vivenciou à temática com uma amiga.

6. As intervenções em terapias cognitivas e comportamentais

Ao discorrer sobre a atuação do psicoterapeuta cognitivo-comportamental, diante da demanda, o profissional poderá se deparar com dois tipos/posturas dos clientes: a baixa motivação que ele tem para aderir e realizar as tarefas do processo terapêutico e a segunda dificuldade é a desistência quando estes clientes apresentam uma melhora em seu quadro.

O profissional que se dispõe a atender um cliente com ideação ou comportamento suicida não deve ter receio de questionar sobre novas possibilidades de tentativa. A utilização da relação terapêutica na análise funcional do caso oferece uma estruturação das sessões e promove um prognóstico mais efetivo nos casos de suicídio. Podem ser desenvolvidos alguns contratos anti-suicídio, a fim de vincular o cliente à terapia e ao terapeuta. Sabe-se que o estilo de pensamento negativo da pessoa que pensa em suicídio, está relacionado com a tríade cognitiva, onde os pensamentos distorcidos geram reações emocionais dolorosas e um comportamento disfuncional (Carneiro; Dobson, 2016). Portanto, identificar quais os pensamentos automáticos que a pessoa traz, será fundamental para traçar as estratégias de ajuda. Pois, existem os pacientes que trazem um quadro de desesperança, com forte desejo de morrer e aqueles que apresentam dificuldade na regulação de humor e agem impulsivamente. Outro importante passo nesse processo é a utilização das escalas de Depressão, Desesperança e Ansiedade, que contribuem de forma qualitativa, pois uma vez que a pessoa quando em situação crítica, tem dificuldade de nomear o que sente pode apresentar uma atitude disfuncional.

Com relação às ferramentas comportamentais, uma das estratégias mais utilizadas é o treino de respiração e /ou às técnicas de relaxamento. Esta pode ser utilizada no controle dos sintomas físicos, o qual é ensinado ao cliente, que numa crise de ansiedade e alívio de sua angústia, busca-se autolesionar (Carneiro; Dobson, 2016). Este exercício de respiração favorece ao cliente uma atenção para si, enquanto se desvincula do pensamento de se machucar. Com a ansiedade manejada, o cliente conseguirá visualizar novas estratégias que o tranquilizam e que poderão dar mais sentido a cada novo dia. Nas sessões, o cliente e o terapeuta irão planejar o uso de recursos mais adequados para que o cliente possa utilizar nos momentos de crises e realizar a manutenção e comportamentos funcionais.

O indivíduo com a cognição desorganizada não consegue perceber seus ganhos ao longo da vida, nesse sentido, outra técnica utilizada é a elaboração da linha do tempo. Na linha do tempo são colocados momentos da vida em que o paciente apresentou superação e vivenciou algo positivo. Desta forma, ajudará ao mesmo a estabelecer novas crenças que o permitiram ter uma visão mais positiva e funcional de sua vida. Delinear as crenças centrais que estão arraigadas no comportamento da pessoa com ideação suicida, possibilitará ao terapeuta ferramenta para intervir e, desta forma, permite que o cliente realize uma reestruturação cognitiva. O cliente se torna capaz de modificar os pensamentos e as respostas que se encontram disfuncionais.

A inserção da escrita terapêutica como tarefa em consultório, ou como tarefa de casa, conforme mencionado no capítulo 2 deste livro, pode ser coadjuvante na expressão e diminui a ruminação que estas pessoas por estarem disfuncionais têm, em contrapartida facilita a percepção das emoções realiza a regulação das emoções. A psicoeducação se torna primordial até mesmo no trabalho com o cliente para a adesão à medicação, uma vez que existe uma deficiência química que precisa ser regulada na maioria dos casos de depressão e ideação suicida (CARNEIRO; DOBSON, 2016). Outra estratégia muito apropriada é o *Mindfulness* e a compaixão, por meio das quais, ao estimular o sentimento de gratidão e as descobertas das forças de caráter, o cliente pode traçar metas que sejam possíveis de serem atingidas (HAYES, 2004). A técnica de grade de participação auxilia no manejo do sentimento de culpa. Realizar um *role play* com o papel de advogado de defesa e acusação e também a resolução de problemas diminui as possíveis reincidências (OLIVEIRA, 2016).

A terapia vai favorecer ao cliente a lidar com os pensamentos e emoções que são desagradáveis, bem como as fixações no passado e as preocupações com o futuro. Na medida em que o terapeuta avaliar que o cliente está estabilizado, pode trabalhar a prevenção de recaídas e programar um *follow up* do atendimento, porém deve manter o plano de segurança que poderá ser refeito a cada três meses.

7. Considerações finais

Conhecer a temática, bem como as variáveis do processo, os obstáculos, mitos, estigmas que envolvem todo o contexto da pessoa com ideação suicida pode contribuir para que os profissionais possam atuar melhor com resultados mais promissores com pacientes que se encontram em profunda dor.

Ampliar a capacitação de profissionais da saúde, trabalhar para a quebra de mitos e tabus, investir em campanhas, trazer ao conhecimento os sites de ajuda, bem como aplicativos que possam ser utilizados são estratégias fundamentais. Além de ativar um plano de segurança com uma rede de suporte que possam facilitar a prevenção do suicídio faz-se essencial.

Ressalta-se a importância do manejo clínico articulado com os outros profissionais como um time interfere positivamente no sucesso na intervenção do suicídio. Sabe-se que uma equipe que atua junta, além de auxiliar nas melhores decisões profissionais, define também como um suporte primordial entre os participantes da equipe.

Compreender que o ato de se suicidar pode ser previsível e reconhecido é extramente relevante. Desta forma, podem-se buscar estratégias e ações que o previnam. Por fim, como ponto de intervenção e prevenção a utilização das técnicas das Terapias Cognitivas e Comportamentais, quando traçadas a partir de uma conceitualização bem feita, serão eficazes para produzir mudanças significativas no processo de busca de sentido e direcionamento da vida do cliente com esse sofrimento.

Referências

BOTEGA, J. N. *Crise suicida*: avaliação e manejo. Porto Alegre: Artmed Editora, 2015. Disponível em: https://books.google.com.br/books?id=WoqICgAAQBAJ&pg. Acesso em: 20 jun. 2022.

CARNEIRO, M. A.; & DOBSON, S. K. Tratamento cognitivo-comportamental para depressão maior: uma revisão narrativa. *Revista Brasileira de Terapias Cognitivas*, v. 12, n. 1, p.42-49, 2016. Disponível em: <http://pepsic.bvsalud.org/pdf/rbtc/v12n1/v12n1a07.pdf>. Acesso em: 20 jun. 2022.

DURKHEIM, E. Sociologia: suicídio definição do problema. São Paulo: Martins Fontes, 2013. Disponível em: <https://edisciplinas.usp.br/pluginfile.php/372338/mod_resource/content/1/Texto%208%20-%20Durkheim%20%28o%20problema%20do%20suic%C3%ADdio%29.pdf#:~:text=Dizemos%20pois%20definitivamente%3A%20Chama%2Dse,antes%20que%20resultasse%20na%20morte>. Acesso em: 20 jun. 2022.

FERREIRA, F. L. S. *A influência da religiosidade na saúde mental*: uma revisão bibliográfica. Dissertação (Mestrado). Universidade de Brasília, 2014. Disponível em: <https://bdm.unb.br/handle/10483/8742>. Acesso em: 20 jun. 2022.

GRUBITS, Sônia; & NANTES, Arilço Chaves. A religiosidade/espiritualidade como um fator de ajuda a prevenção da prática suicida. *Revista*

Contemplação, v. 16, p. 73-84, 2017. Disponível em: <http://fajopa.com/contemplacao/index.php/contemplacao/article/view/155>. Acesso em: 20 jun. 2022.

HAYES, S. Acceptance and Commitment Therapy, Relational FrameTheory, and the Third Wave of Behavioral and CognitiveTherapies. *Behavior Therapy*, v. 35, p. 639-665, 2004.

MAGNE-INGVAR, U.; OJEHAGEN, A; & TRASKMAN-BENDZ, L. The social network of peolpe who attempt suicide. *Acta Psychiatr.* v. 86, n. 2, p. 153- 158, 1992. Disponível em: <https://onlinelibrary.wiley.com/doi/abs/10.1111/j.1600-0447.1992.tb03244.x > Acesso em: 20 jun. 2022.

MELLO, V. W. Estratégias psicoterápicas e as abordagens da terceira onda em terapia cognitiva. *Sinopsys*. Rio de Janeiro, 2014.

NIRUI, M.; & CHENOWETH, L. The response of healthcare services to people at risk of suicide: a qualitative study. Aust N. Z. J. *Psychiatry*, v. 33, n. 3, p. 361- 371; 1999. Disponível em: <https://pubmed.ncbi.nlm.nih.gov/10442792/>. Acesso em: 20 jun. 2022.

ORGANIZAÇÃO PAN-AMERICANA DE SAÚDE (OPAS); & ORGANIZAÇÃO MUNDIAL DE SAÚDE (OMS). *Folha Informativo Suicídio.* 2017. Disponível em: <https://www.paho.org/bra/index.php?option=com_content&view=article&id=5671:folha-informativa-suicidio&Itemid=839>. Acesso em: 20 jun. 2022.

WORLD HEALTH ORGANIZATION (WHO). *Relatório Mundial da Saúde.* 2014. Disponível em: <https://www.who.int/whr/2001/en/whr01_po.pdf>. Acesso em: 20 jun. 2022.

OLIVEIRA, I. R. de. *Terapia Cognitiva Processual*: manual para clinicos. Artmed. Porto Alegre, 2016.

SILVA, A. M. Terapia Cognitiva-Comportamental: da teoria a prática. *Psico-USF*, v. 19, n. 1, p. 167-168, 2014. Disponível em: <https://www.researchgate.net/publication/270487922_Terapia_Cognitiva-Comportamental_da_teoria_a_pratica>. Acesso em: 20 jun. 2022.

11. O impacto das práticas meditativas como técnicas complementares na Terapia Cognitivo-Comportamental

Lilian Cristina Nobumitsu Leão

1. Introdução

Em tempos tão desafiadores como os que vivenciamos atualmente, em 2020, com os efeitos que a pandemia de COVID-19 incluiu em nosso cotidiano, foi preciso nos adaptar às situações inéditas para as gerações atuais. Rapidamente, nos vimos inseridos em uma nova realidade, com confinamento e distanciamento sociais forçados, assim como aderimos ao uso de máscaras e medidas mais incisivas de higiene para evitarmos o contágio de uma doença que assombra pela dimensão e gravidade.

Nesse contexto, de acordo com Lima (2020), a pandemia acarreta efeitos psicológicos negativos, como o aumento de sintomas ansiosos, depressivos e fóbicos derivados do mal-estar gerado por medos como o de adoecer, morrer ou contaminar pessoas de nosso convívio, além das incertezas relacionadas às condições econômicas e de subsistência. Todas essas adversidades desafiam cada indivíduo e a sociedade como um todo, a buscar maneiras de aliviar essa carga de estresse e sofrimento, buscando formas de aliviar o impacto dos efeitos adversos da pandemia na saúde mental frente a essas experiências limites.

Fica então evidente a necessidade de inserção de novas estratégias de prevenção de doenças mentais, assim como a adoção de hábitos que atuem na promoção de bem-estar, de maneira simples e com baixo custo ao indivíduo. Neste sentido, a meditação vem contribuir para a promoção de saúde mental, pois se trata de uma prática corpo-mente que não requer recursos ou instrumentos materiais específicos para sua execução, exceto a intenção de realizar aquela atividade e a disciplina para obter uma frequência adequada, capaz de gerar os efeitos esperados. Embora meditar seja uma atividade relativamente simples, várias dificuldades são percebidas pelos iniciantes que pretende inserir esse hábito em sua rotina. Para Kabbat-Zin (2017), é muito importante ter dedicação para manter a prática viva diariamente, e o apoio e a orientação apropriada de um profissional treinado são fundamentais para a consolidação dessa prática.

Atento a essa demanda, o psicólogo pode atuar na popularização das práticas meditativas, incorporando essa ferramenta em seus atendimentos individuais em consultórios, assim como em treinamentos grupais como estratégias de intervenção que podem ser realizadas em ambientes escolares, institucionais e sociais, mesmo que de forma remota nas atuais circunstâncias, que, além de aumentarem o alcance das intervenções, ainda soma-se aos benefícios gerados pela socialização e constituição de redes de apoio a partir da troca de experiências.

2. A meditação e a promoção de saúde

A meditação sempre esteve associada a eventos com conotações místicas, esotéricas, religiosas e espirituais, e, embora essa associação possa ser explicada pela utilização de práticas meditativas como um veículo para se estabelecer uma conexão com o sagrado, evento comum em diversas religiões do planeta. De acordo com Stubing (2015), as tradições orientais budistas e hinduísta, desenvolveram uma vasta metodologia relacionada a técnicas meditativas. Foi na década de 60, com o surgimento de movimentos sociais de contracultura, como o movimento *hippie*, quando muitos jovens ocidentais foram para o oriente em busca de novas filosofias, que a prática de meditação começou a se popularizar no ocidente.

Por outro lado, nos últimos anos, a prática de meditação tem chamado a atenção de profissionais de saúde e pesquisadores devido aos benefícios observados na experiência clínica, como terapia complementar para redução de afetos negativos e sintomas comuns a diversos transtornos psiquiátricos, como depressão e ansiedade, assim como a diminuição de estresse percebido e o aumento da consciência emocional, como demonstrou Araujo (2020), num estudo com estudantes de saúde.

De acordo com Nascimento e Oliveira (2016), a medicina ocidental é uma ciência que tem como objeto de estudo, o corpo humano e as doenças que o acometem, assim como a identificação e tratamento das causas desses males a fim de reduzir sintoma e reestabelecer o estado saudável do sujeito. Ao inserirem-se na medicina comportamental e na psicologia as práticas complementares, houve uma mudança de paradigma, com uma nova maneira de olhar o sujeito, através de uma concepção mais holística, com o ser humano compreendido agora não só pelo seu aspecto físico, mas em sua totalidade, com a integração de seus aspectos emocionais, espirituais, mentais, econômicos e sociais.

Sob esse novo paradigma da medicina comportamental, que valoriza os aspectos mente-corpo de forma integrativa, destaca-se o trabalho de Kabbat-Zin (2017), realizado na Faculdade de Medicina da Universidade de Massachussetts, iniciado nos anos 70, que, ao dissociar da meditação budista que estudava qualquer conteúdo com algum viés religioso e, adaptando as técnicas para serem utilizadas de forma terapêutica por qualquer pessoa, como um treinamento mental, de maneira laica e secular. O autor criou um programa clínico de *Mindfulness*, ou atenção plena, uma forma de meditação atencional, que pode ser praticada de maneira formal ou informal, com o objetivo de cultivar de maneira regular e disciplinada, a consciência de momento a momento, sem julgamento como já mencionado no capítulo 5 deste livro.

Há diversas técnicas de meditação que variam de acordo com a filosofia ou contextos no qual estão inseridas, assim como há diversas formar de serem praticada, ou seja, podem ser sentadas ou em movimento, de olhos abertos ou fechados, além do yoga, também considerado uma prática meditativa oriundo da tradição hinduísta. Embora seja mais conhecido por seus *asanas*, ou posturas, de acordo com o *Yoga Sutras de Patanjali*, uma das escrituras mais antigas que descreveram os processos meditativos, "Yoga é a supressão das movimentações da mente" (PATANJALI, 1993).

Com o objetivo de comprovar a eficácia dos benefícios observados pelos praticantes de meditação, pesquisadores buscam compreender e demonstrar a aplicabilidade das práticas meditativas como suporte emocional acessível à população em geral, com resultados robustos quanto ao aumento dos índices de qualidade de vida, bem-estar e saúde mental, busca que resultou em centenas de artigos científicos publicados em todo o mundo, principalmente após a popularização das práticas de *Mindfulness.*

Frente a tantas comprovações de eficácia e atendendo as diretrizes da Organização Mundial da Saúde (OMS), a meditação foi inserida na Política Nacional de Práticas Integrativas e Complementares (PNPIC) de 2006, definida na Portaria nº 849, de 27 de março de 2017 (BRASIL, 2017), como uma prática de harmonização dos estados mentais e da consciência, que desenvolve autoconhecimento e torna a pessoa mais atenta, capaz de enxergar os próprios padrões de comportamento. A meditação passou a ser indicada pelo Sistema Único de Saúde (SUS), como um instrumento de fortalecimento físico, emocional, mental, social e cognitivo, que estimula o bem-estar, relaxamento, redução do estresse, da hiperatividade e dos sintomas depressivos. Na mesma Portaria, a meditação é citada como uma prática que auxilia o indivíduo a perceber seus padrões comportamentais e a forma como os alimenta, num mesmo modelo de reação psíquica/emocional, assim como também auxilia na construção de um mecanismo de enfrentamento, com um conjunto de atitudes e comportamentos mais adequados as diversas situações da vida.

3. Como definir meditação?

A falta de uma definição robusta mostrou-se um problema para o estudo dessa prática, muitas vezes reduzida e equiparada a técnicas de relaxamento corporal, fato que dificulta a padronização dos estudos. Dentre diversas tentativas de definição, destaca-se a de Cardoso *et al.* (2004), que pode ser encontrada em seu livro *Meditação e medicina: um médico ensina a meditar,* publicado posteriormente para o público em geral, que desenvolveu uma definição operacional da meditação.

De acordo com essa definição, para ser considerada meditação, o procedimento precisa conter os seguintes parâmetros operacionais:

1) ter uma técnica específica, claramente definida;

2) deve haver relaxamento muscular em algum momento da prática;

3) deve ocorrer o relaxamento da lógica;

4) a prática precisa ser auto induzida;

5) é necessário conter um artifício de focalização/ancoragem, ou seja, um âncora definida para ser o foco atencional da prática.

Nesse contexto o uso de uma âncora pré-definida (que podem ser as mais diversas, como, por exemplo, a respiração, os movimentos do corpo, os sons do ambiente, etc.) serve para direcionar o foco de atenção a ela, com o intuito de não se envolver com os pensamentos que surgem naturalmente, alcançando assim um relaxamento da lógica. Ou seja, durante a prática meditativa, foca-se a atenção na âncora e, sempre que surgirem os pensamentos, o praticante não se deixa envolver por esses pensamentos e volta, gentilmente, sua atenção para a âncora escolhida. Esse movimento de perceber a distração e voltar intencionalmente para seu foco é a base das práticas meditativas.

A definição operacional, desenvolvida por Cardoso *et al.* (2004), auxilia na diferenciação de meditação e relaxamento, engano comum na literatura científica, pois estabelece que na primeira há, necessariamente, um relaxamento da cognitivo, fator não presente em técnicas de relaxamento.

De acordo com Kabbat-Zin (2017), durante a meditação de atenção plena, o praticante observa e sente o que acontece no momento presente de uma forma peculiar, com a curiosidade de um iniciante, com aceitação e sem julgamento, tomando consciência dos pensamentos que surgem sem se apegar a eles, conforme também já mencionado no capítulo 5 deste livro.

Embora seja uma técnica relativamente simples, adquirir o hábito de meditar não é tarefa fácil e várias dificuldades podem ser destacadas nesse percurso. No momento da prática, o desconforto físico e dor que podem surgir ao permanecermos sentados e imóveis por algum tempo é uma das dificuldades relatadas, mas a mais comum é o excesso de pensamentos que surgem. De acordo com Rubia (2009), o objetivo da meditação é a diminuição do fluxo de pensamentos irrelevantes por meio de um processo de atenção internalizada para atingir um relaxamento mental, redução de estresse e estabilidade psicoemocional. Esse fluxo intenso de pensamento faz com que a pessoa acredite ser incapaz de meditar e, cabe ao instrutor mostrar que essa é a natureza da mente, ou seja, os pensamentos são inevitáveis e o importante é ter consciência deles para redirecionamos nossa atenção. Além disso, todos passam pela mesma dificuldade e o iniciante se sente muito reconfortado ao entender que o problema não é inerente a ele. Nesse sentido, a meditação mostra-se uma prática promissora para enriquecer o arsenal da Terapia Cognitivo-Comportamental.

4. Meditação e a Terapia Cognitivo-Comportamental

Segundo Vandenberghe e Sousa (2006), a Terapia Cognitivo-Comportamental (TCC) implicitamente promove mudanças amplas na relação que a pessoa mantém com seus pensamentos. Logo o cliente pode mudar sua perspectiva em relação aos eventos cognitivos. Esse raciocínio tem facilitado à absorção de técnicas meditativas na tradição cognitivo-comportamental.

Nos últimos anos, observamos o surgimento de novas ondas de Terapias Cognitivo Comportamentais, menos focadas em eliminação de respostas disfuncionais como nos primórdios, e menos identificadas com os aspectos racionais, como na segunda onda proposta por Beck. De acordo com Vandenberghe e Sousa (2006), essas novas abordagens terapêuticas têm como ponto em comum o maior foco nos aspectos emocionais dos clientes, como a Terapia de Aceitação e Compromisso (*Acceptance and Commitment Therapy* – ACT), a Terapia Comportamental Dialética (*Dialectical Behavior Therapy* – DBT), o programa MBCT (*Mindfulness-Based Cognitive Therapy),* entre outras, que fazem uso das práticas meditativas como um recurso importante de seus protocolos.

Essas abordagens destacam a importância da criação de um vínculo seguro entre o profissional e o cliente, a chamada relação terapêutica, que contribui para o sucesso da terapia e o acolhimento cuidadoso do terapeuta frente às dificuldades do iniciante em meditação, auxiliando na implementação consistente das práticas meditativas no cotidiano dos pacientes. Como já citado anteriormente, não é fácil incorporar a meditação na rotina e é preciso que exista uma frequência de práticas para atingir os objetivos almejados e, nesse ponto, o terapeuta cognitivo comportamental, devidamente treinado para a facilitação da meditação, pode monitorar os avanços dos clientes durante as sessões, e também auxiliar nas dificuldades que surgem naturalmente e são discutidas em sessão. De acordo com a definição operacional de Cardoso *et al.* (2004), a meditação é uma prática auto induzida, mas deve ser inicialmente, orientada por um instrutor cuidadosamente formado, que capacite adequadamente o praticante nessa sua nova jornada. Nesse sentido, o trabalho terapêutico inclui diálogos para investigar a evolução da prática do cliente.

Embora a TCC procure realizar com o cliente uma melhora da interpretação dos conteúdos inadequados e distorcidos, práticas meditativas como o *Mindfulness*, trazem conceitos como a observação dos pensamentos sem uma identificação com eles, aceitação do momento presente e o não julgamento, inovando na forma como auxilia os pacientes a perceberem que pensamentos são apenas produtos da mente e não representam a realidade em si. Para Kabbat-Zin (2017), não podemos atribuir as causas de nosso estresse apenas a fatores externos, pois, na realidade, esse estresse é gerado pela maneira como interagimos com o outro e o mundo. Dessa forma, quando alguém nos estressa, devemos assumir a responsabilidade pelo nosso papel nesse relacionamento, influenciado por nossas crenças, percepções, pensamentos, comportamentos e sentimentos.

Umas das queixas mais frequentes que observamos no consultório estão relacionadas a processos de ruminação. Os pacientes relatam que passam horas pensando em atitudes que poderiam ter escolhido no passado, com pensamentos como "eu deveria" ou "e se", além dos afetos negativos e estresse, desencadeados por esses pensamentos persistentes e o sofrimento acarretado por eles. De acordo com Rubia (2009), essas queixas podem ser trabalhadas com a aplicação de técnicas meditativas que foquem na capacidade de sustentar intencionalmente a atenção no momento presente, para acalma a mente e diminuir processos ruminativos, com gentileza, gerando um movimento oposto ao vivenciado durante a ruminação posto que focam numa intenção de abertura para a experiência do agora, como ela se apresenta e sem julgamento. As dificuldades em vivenciar o momento presente e a ansiedade na tentativa de controlar o futuro também são queixas comuns nos consultórios de psicologia. De acordo com Araujo (2020), em um estudo com estudantes da área de saúde, a meditação focada em atenção plena e compaixão desenvolveram habilidades socioemocionais, diminuiu o estresse percebido e aumentou a consciência das emoções. Stubing (2015) verificou uma diminuição nos índices de ruminação mental em pacientes com distúrbios alimentares após uma intervenção baseada em atenção plena.

Nesse sentido, o cliente compreende que o surgimento de um pensamento negativo não precisa se tornar um evento perturbador, quando compreende que, de acordo com Kabbat-Zin (2017), é possível apenas observá-lo, sem se envolver com esse pensamento. Essa é uma maneira de diminuir fontes internas de estresse oriundas de distorções cognitivas que o paciente apresenta. Para isso, ele compreende que a meditação é uma ferramenta muito eficaz a seu alcance, acessível a qualquer momento, para diminuir sua dor emocional que, muitas vezes, pode ser tão debilitante quanto à dor física.

Nesse sentido, os avanços da neurociência são muito relevantes para uma melhor compreensão dos mecanismos neurobiológicos de ação, assim como para a comprovação da eficácia clínica da meditação como um recurso de intervenção e prevenção de transtornos mentais. Os estudos de neurociências, publicados em periódicos internacionais nos últimos anos, tem comprovados, por meio de neuroimagens, os efeitos das práticas meditativas nas estruturas cerebrais. Para Rubia (2009), os estudos de neuroimagem demonstram uma regulação positiva nas áreas relacionadas à regulação do afeto e atenção internalizada.

De acordo com Kozasa *et al.* (2012), os meditadores ativam menos regiões do cérebro do que os nãos praticantes, a fim de alcançar o mesmo desempenho durante uma tarefa de atenção. A diferença observada foi no giro medial frontal direito, giro temporal médio, núcleo lentiforme, giro pré-central e giro pós-central. Esses resultados evidenciam que a prática de meditação pode aumentar a eficiência do cérebro em atenção e controle dos impulsos, queixa recorrente nos consultórios.

5. Considerações finais

Com o estresse e a estafa emocionais gerados pelo distanciamento social prolongado, ficou evidente a necessidade de se alavancar novas medidas de prevenção e promoção de saúde mental. Nesse sentido, a inclusão do treino de técnicas meditativas na clínica psicológica mostra-se uma novidade promissora, embora seja uma prática antiga, que só vem a contribuir ao arsenal de técnicas do terapeuta.

A literatura produzida pelo crescimento exponencial de estudos realizados nos últimos anos, alavancados pelo interesse dos pesquisadores em investigar os possíveis benefícios gerados por práticas meditativas com destaque para o *Mindfulness*, tem mostrado como a meditação influencia positivamente nos níveis de qualidade de vida e bem-estar psicológicos, atuando não só na regulação atencional, mas também na regulação emocional dos praticantes, atuando na homeostase dos mesmos.

A prática regular de meditação mostra se uma técnica complementar a Terapia Cognitivo Comportamental, pois tem mostrado resultados positivos na redução de estresse, insônia, sintomas adictos, depressivos e ansiosos, assim como aumento nos níveis de empatia, flexibilidade psicológica, interconexão, engajamento e cognição, que fortalecem a saúde e aumentam a resiliência emocional, problemas que se tornaram ainda mais evidente após o início da pandemia de COVID-19 e os reflexos causados por ela na saúde psicológica dos indivíduos.

Possibilitar ao cliente o aprendizado da percepção que ele está atuando no piloto automático, o ajuda a refinar e flexibilizar suas reações ao ambiente escolhendo assim, um modo de agir mais eficiente e assertivo. Através da meditação, ele se torna mais consciente de seus padrões de pensamentos, sentimentos e comportamentos, podendo assim atuar em sua autorregulação emocional.

Referências

ARAUJO, A. C. *et al*. Efeitos de um curso de meditação de atenção plena em estudantes da saúde no Brasil. *Acta Paulista de Enfermagem*, v. 33, 2020.

Disponível em: <https://www.scielo.br/pdf/ape/v33/en_1982-0194-ape--33-eAPE20190170.pdf>. Acesso em: 20 jun. 2022.

BRASIL. MINISTÉRIO DA SAÚDE. *Portaria n. 849, de 27 de março 2017. Inclui a Arteterapia, Ayurveda, Biodança, Dança Circular, Meditação, Musicoterapia, Naturopatia, Osteopatia, Quiropraxia, Reflexoterapia, Reiki, Shantala, Terapia Comunitária Integrativa e Yoga à Política Nacional de Práticas Integrativas e Complementares.* Disponível em: <https://bvsms.saude.gov.br/bvs/saudelegis/gm/2017/prt0849_28_03_2017.html>. Acesso em: 20 jun. 2022.

CARDOSO, R. *et al.* Meditation in health: An operational definition. *Brain Research Protocols.* v.14, p.58-60, 2004. Disponível em: <https://www.sciencedirect.com/science/article/pii/S1385299X04000728?casa_token=9l4esikAQiIAAAAA:_wqrcM6b1gB8kfwbiNEAILFUYets9uu84UNGpcEkHNI-BsnfLhKSo7DBvfLCEd4OQWZw6iKNwg>. Acesso em: 20 jun. 2022.

KABBAT-ZINN, J. *Viver a catástrofe total*: como utilizar a sabedoria do corpo e da mente para enfrentar o estresse a dor e a doença. São Paulo: Palas Athena, 2017.

KOZASA, E. H. *et al.* Meditation training increases brain efficiency in an attention task. *NeuroImage*, v. 59, n.1, p. 745–749, 2012. Disponível em: <https://www.sciencedirect.com/science/article/pii/S1053811911007531>. Acesso em: 20 jun. 2022.

LIMA, R. C. Distanciamento e isolamento sociais pela Covid-19 no Brasil: impactos na saúde mental. *Physis*, v. 30, n. 2, 2020. Disponível em: <https://www.scielosp.org/article/physis/2020.v30n2/e300214/>. Acesso em: 20 jun. 2022.

NASCIMENTO, M. V.; & OLIVEIRA, I. F. As práticas integrativas e complementares grupais e sua inserção nos serviços de saúde da atenção básica. *Estudos de Psicologia*, v. 21, n. 3, p. 272-281, 2016. Disponível em: <http://www.scielo.br/scielo.php?script=sci_arttext&pid=S1413-294X2016000300272&lng=en&nrm=iso>. Acesso em: 20 jun. 2022.

PATANJALI. *Os Yoga Sutras de Patanjali.* São Paulo: Mantra, 2019.

RUBIA, K. The neurobiology of Meditation and its clinical effectiveness in psychiatric disorders. *Biological Psychology*, v. 82, n. 1, p. 1-11, 2009. Disponível em: <https://www.sciencedirect.com/science/article/pii/S0301051109000775?casa_token=Vj1UOrDNKEEAAAAA:sjiuOkZ-

ZPtl7IIvhhmokPxU7WZ_XyCzYETraydq3j3kWDb9VY9nmq9etC2IU-8vj7mnJiwEHxsg>. Acesso em: 20 jun. 2022.

STUBING, K. S. *Uma intervenção com meditação para pacientes internados com transtorno alimentar.* 2015. Dissertação (Mestrado em Psiquiatria) - Faculdade de Medicina, Universidade de São Paulo, São Paulo, 2015.

VANDENBERGHE, L.; & SOUSA, A. C. A. *Mindfulness* nas terapias cognitivas e comportamentais. *Revista Brasileira de Terapias Cognitivas*, v. 2, n. 1, p. 35-44, 2006. Disponível em: <http://pepsic.bvsalud.org/scielo.php?script=sci_arttext&pid=S1808-56872006000100004>. Acesso em: 20 jun. 2022.

12. A Terapia Cognitivo-Comportamental como uma proposta eficaz no tratamento da ansiedade em jovens no espectro autista

Vanessa Martins Maranho

> *"Quando você viu uma pessoa autista,*
> *você apenas viu uma pessoa autista."*
> (STEPHEN SHORE, em *Sicile-Kira*, 2014. p. 40)

1. Instrodução

Neste capítulo faremos uma breve análise dos efeitos da Terapia Cognitivo Comportamental em crianças e jovens portadores do Transtorno do Espectro Autista e, além disso, que incluem o Transtorno de Ansiedade na condição de comorbidade. Faremos inicialmente uma breve revisão sobre quais os parâmetros diagnósticos que estão relacionados atualmente ao Transtorno do Espectro Autista, de acordo com as mudanças no DSM-V e CID-11.

Também se faz necessário comentarmos sobre as mudanças de perspectiva diagnóstica do Transtorno do Espectro Autista. Sabemos que o diagnóstico se baseia nos seguintes pontos: dificuldade de socialização e comunicação e a existência de padrões repetitivos e fixos de comportamento, interesses ou tarefas em algumas áreas listadas no DSM-V.

O autismo é considerado um transtorno de origem genético-neurológica de causa desconhecida e com variações nos níveis e características de indivíduo para indivíduo. Com isso, eu diria, uma vez que o prognóstico varia de pessoa para pessoa, não há resultado específico a ser esperado igualmente para todos. Entretanto, há um grande corpo de pesquisa que provou que algumas intervenções, métodos, terapias e técnicas mudaram a vida de muitas pessoas com autismo de maneira positiva, dando-lhes ferramentas para viver vidas independentes, produtivas e felizes.

O objetivo maior desse texto é observar a eficácia e utilidade da Terapia Cognitivo Comportamental para melhora de quadros ansiosos em jovens dentro do Espectro Autista, uma vez que a incidência de Transtornos Ansiosos como comorbidade do Espectro Autista demonstra ser bem elevada (WISE *et al.*, 2018; ASD; VASA *et al. apud* MURPHY *et al.*, 2017; WISE *et al.*, 2018; SOLISH *et al.*, 2020): transtorno de ansiedade social em 29%; transtorno de ansiedade generalizada em 13,4% e transtorno do pânico com incidência de 10.1% (SIMMHOFF *apud* BURKHART; KNOX; HUNTER, 2017). E, finalmente, avaliar quais as variações em TCC vêm sendo utilizadas com sucesso com jovens com TEA de alto funcionamento que possuem quadro comórbido ansioso.

2. Transtorno do Espectro Autista no DSM-V e no CID-11

Na quarta edição revisada do Manual Diagnóstico e Estatístico de Transtornos Mentais (DSM-IV-TR), a seção que trata dos Transtornos Invasivos do Desenvolvimento inclui condições diagnósticas associadas ao retardo mental (Síndrome de Rett e Transtorno Desintegrativo da Infância), diagnósticos outros alinhados, ou não, ao retardo mental (TEA e TID sem outra especificação e/ou TID-SOE) além de uma terceira que supõe uma inteligência típica, qual seja, a Síndrome de Asperger (KLIN, 2006).

Em contrapartida, o DSM-V trouxe mudanças profundas em sua quinta edição. O *Manual Diagnóstico e Estatístico de Transtornos Mentais* passou a considerar principalmente o nível de comprometimento na sintomatologia, observando principalmente os prejuízos na capacidade de interagir socialmente mais a capacidade de comunicação, bem como, incluindo outro ponto importante, que é o do comportamento do indivíduo, com relação à ocorrência de padrões repetitivos e restritos, interesses e atividades (APA, 2014).

A CID-10 (OMS, 1993) incluía na categoria Autismo, sob o código F84.0 – Autismo infantil: Autismo atípico (F84.1), Síndrome de Rett (F84.2), Outro transtorno desintegrativo da infância (F84.3), Transtorno com Hipercinesia Associada a Retardo Mental e a Movimentos Estereotipados (F84.4), Síndrome de Asperger (F84.5), Outros transtornos globais do desenvolvimento (F84.8), Transtornos globais não especificados do desenvolvimento (F84.9). Percebam que apesar de estar na categoria "Autismo" estão discriminados pelo seu código e, consequentemente, discrição sintomatológica próprias. Isso mudou na CID-11, que acompanhou após alguns anos as mudanças implementadas pelo DSM-V.

Desta feita, na CID-11 temos uma mudança estrutural no conceito diagnóstico, pois todos os Transtornos Globais do Desenvolvimento, com exceção da Síndrome de Rett, reuniu todos os diagnósticos (antes dentro da categoria Transtornos Globais do Desenvolvimento) no Transtorno do Espectro Autista sob o código 6A02 (OMS, 2022).

3. TEA e ansiedade

Diversos estudos vêm confirmando a prevalência de quadros de transtorno de ansiedade presentes comorbidamente com Transtorno do Espectro Autista em crianças e jovens no espectro. Níveis elevados de ansiedade frequentemente se manifestam em jovens com Transtorno do Espectro Autista (ASD; VASA *et al. apud* MURPHY *et al.*, 2017). Uma meta-análise recente (VAN STEENSEL *et al. apud* MURPHY *et al.*, 2017) relatou que quase 40% das crianças com TEA atingiram limiares clínicos para pelo menos um transtorno de ansiedade (MURPHY *et al.*, 2017).

A ocorrência da Ansiedade enquanto comorbidade no Transtorno do Espectro Autista é tão frequente (BURKHART; KNOX; HUNTER, 2017; VAN STEENSEL; ZEGERS; BÖGELS, 2016) que alguns estudiosos chegam a especular se a primeira é parte inerente do segundo (CHALFANT *et al.*, 2007; STORCH *et al.*, 2013 *apud* BURKHART; KNOX; HUNTER, 2017, p. 161)

Isso justifica a necessidade de se buscar intervenções eficazes que possam promover melhores formas de lidar com a ansiedade, principalmente quando se sabe da dificuldade da pessoa com autismo de adaptar-se às novas situações. De acordo com Ung, Selles, Smal e Storch (2014), a TCC vem sofrendo modificações e adaptações para trabalhar a ansiedade em indivíduos no espectro Autista.

4. Metodologia

A pesquisa foi feita na biblioteca On-line da Lynn University, nas plataformas Pub-Med, Psychology Journals (Pro Quest) e PsycArticles. Na busca, as palavras-chave utilizadas foram: *"High Functioning"* (Alto Funcionamento), *"Youth/Young"* (jovem), "ASD" (em inglês: *Autism Spectrum Disorder*), *"Anxiety"* (Ansiedade), "CBT" (em inglês: *Cognitive Behavioral Therapy*). Na plataforma Pub-Med foram encontrados dois artigos, bem como o mesmo número pelo PsyArticles, sendo que um dos artigos era comum às duas plataformas. Uma maior quantidade de artigos que privilegiaram as palavras-chave foi encontrado do Psychology Journals (Pro Quest): ao todo quinze artigos, dos quais apenas oito de fato contemplavam todas as palavras-chave e eram acessíveis.

Quanto aos critérios de exclusão, excluímos os artigos que não davam enfoque ao assunto, e no critério de inclusão inicial de pesquisa, selecionamos os artigos que eram apresentados na íntegra, revisado por pares, os mais atuais de até cinco anos da publicação. Foram considerados também alguns artigos, cuja pesquisa em TCC com jovens no espectro, fora aplicada em outros contextos que não somente o ambiente clínico.

5. Resultados

Em um ensaio piloto randomizado com grupo controle (Murphy *et al.*, 2017), em que comparou-se a eficácia entre duas linhas terapêuticas (TCC e Aconselhamento) para a melhora do quadro ansioso de jovens na faixa etária de doze a dezessete anos, a intervenção de TCC utilizada foi a MASSI (*Multimodal Anxiety and Social Skill Intervention for Adolescents with Autism Spectrum Disorder,* ou Intervenção Multimodal de Ansiedade e Habilidades Sociais para Adolescentes no Espectro Autista, criada no Reino Unido e que se mostrou ser eficaz.

MASSI é um programa em módulos que dura em torno de doze a dezesseis semanas, e constitui-se de terapia individual, de grupo, além de psicoeducação e orientação dos pais. O programa concentra-se na relação entre pensamentos, sentimentos e comportamentos, assim como em cognições distorcidas e visando a construção de relações interpessoais (MURPHY *et al.*, 2017).

Kerns *et al.* (2016) descrevem o método interventivo para o TA-ASD (*Treatment of Anxiety in Autism Spectrum Disorder*, ou Tratamento da Ansiedade no Transtorno do Espectro do Autismo), método americano feito através de estudo randomizado controlado com o intuito de avaliar a eficácia do padrão em relação à terapia cognitivo-comportamental modular (TCC) para ansiedade em crianças com TEA.

Nesse estudo foram avaliados dois protocolos e um grupo controle de tratamento com TCC de forma convencional: o protocolo modular de TCC para ansiedade em TEA, conhecido nos Estados Unidos como BIACA (*Behavioral Anxiety Interventions in Children with Autism*, ou Intervenções Comportamentais para Ansiedade em Crianças com Autismo), *versus* o TCC padrão para ansiedade pediátrica, chamado programa "*Coping Cat*". Todos os programas mostraram ser eficazes e de qualidade (KERNS *et al.*, 2016).

Dois artigos avaliaram a implementação de intervenções em contexto escolar. O de Luxford, Hadwin e Kovshoff (2016) e, na Singapura, um estudo teste (DRMIC; ALJUNIED; REAVEN, 2017) foi realizado para verificar a eficácia de um programa chamado Enfrentando Seus Medos (em inglês: *Facing your Fears*), que é uma variação de TCC de grupo para controlar a ansiedade em crianças (de 8 a 14 anos) com transtorno do espectro do autismo de alto funcionamento. Tal programa visa ter sua implementação no contexto escolar, em que o terapeuta credenciado treina professores da escola dentro do método. A proposta ainda precisa de ajustes e de um estudo randomizado para que possa ser melhor avaliado.

A TCC também se mostrou eficaz no favorecimento de habilidades da vida diária em crianças no espectro com alto funcionamento (DRAHOTA; WOOD; SZE; VAN DYKE, 2010).

6. Considerações finais

Podemos concluir que é inegável a eficácia dos modelos de intervenção em TCC para o tratamento da ansiedade de pessoas dentro do Espectro Autista. No entanto, acreditamos que outros estudos devam ser realizados de forma sistemática de modo a verificar a validade e a confiabilidade dessas intervenções. Acrescentamos também a necessidade de que essas intervenções especifiquem em que circunstâncias, ambientes e situações elas sejam mais favoráveis à sua adoção. Além disso, esses muitos tratamentos, terapias e intervenções devem ser escolhidos de uma forma que se adapte melhor a uma pessoa específica com TEA, pois cada um deles tem necessidades, características e habilidades diferentes.

É de extrema importância a psicoeducação e estratégias para fazer com que as crianças com autismo aprendam as coisas com clareza, como histórias sociais, por exemplo. É crucial também cuidar da ansiedade da pessoa autista, uma vez que sua dificuldade de mudar e adaptar ás situações por si só já lhes causa muita ansiedade, e eles então precisam de uma intervenção que venha habilitá-los a reconhecerem em si e saberem lidar com essas dificuldades adaptativas e as emoções que elas suscitam.

Referências

AMERICAN PSYCHIATRIC ASSOCIATION (APA). *Manual Diagnóstico e Estatístico de Transtornos Mentais (DSM-V)*. Porto Alegre: Artmed, 2014.

BURKHART, K.; KNOX, M.; & HUNTER, K. Cognitive-Behavioral Therapy in the Treatment of Internalizing Disorders in High-Functioning Youth with Autism Spectrum Disorder. *Journal of Contemporary Psychotherapy*, v. 48, n. 3, p. 155-163. 2017.

DRAHOTA, A.; WOOD, J. J.; SZE, K. M.; & VAN DYKE, M. Effects of Cognitive Behavioral Therapy on Daily Living Skills in Children with High-Functioning Autism and Concurrent Anxiety Disorders. *Journal of Autism and Developmental Disorders*, v. 41, n. 3, p. 257-265, 2010.

DRMIC, I. E.; ALJUNIED, M.; & REAVEN, J. Feasibility, Acceptability and Preliminary Treatment Outcomes in a School-Based CBT Intervention

Program for Adolescents with ASD and Anxiety in Singapore. *Journal of Autism and Developmental Disorders*, v. 47, n. 12, p. 3909-3929, 2017.

KLIN, A. Autismo e síndrome de Asperger: uma visão geral. *Revista Brasileira de Psiquiatria*, v. 28, supl. 1, p. s3–s11, 2006.

MURPHY, S. M. *et al.* Cognitive Behaviour Therapy Versus a Counselling Intervention for Anxiety in Young People with High-Functioning Autism Spectrum Disorders: A Pilot Randomised Controlled Trial. Journal of Autism and Developmental *Disorders*, v. 47, n. 11, p. 3446–3457, 2017.

ORGANIZACAO MUNDIAL DA SAUDE (OMS). *Classificação de Transtornos Mentais e de Comportamento (CID-10)*. Porto Alegre: Artmed, 1993.

ORGANIZACAO MUNDIAL DA SAUDE (OMS). *Classificação de Transtornos Mentais e de Comportamento (CID-11)*. Porto Alegre: Artmed, 2022.

SICILE-KIRA, C. *Autism Spectrum Disorders*: The Complete Guide. New York: Perigee Trade, 2014.

SOLISH, A. *et al.* Effectiveness of a modified group cognitive behavioral therapy program for anxiety in children with ASD delivered in a community context. *Molecular Autism*, v. 11, n. 1, p. 1-11, 2020.

UNG, D.; SELLES, R.; SMALL, B. J.; & STORCH, E. A. A Systematic Review and Meta-Analysis of Cognitive-Behavioral Therapy for Anxiety in Youth with High-Functioning Autism Spectrum Disorders. *Child Psychiatry & Human Development*, v. 46, n. 4, p. 533–547, 2014.

VAN STEENSEL, F. J. A.; ZEGERS, V. M.; & BÖGELS, S. M. Predictors of Treatment Effectiveness for Youth with ASD and Comorbid Anxiety Disorders: It all Depends on the Family? *Journal of Autism and Developmental Disorders*, v. 47, n. 3, p. 636-645, 2016.

WISE, J. M. *et al.* Open Trial of Modular Cognitive-Behavioral Therapy in the Treatment of Anxiety Among Late Adolescents with Autism Spectrum Disorder. *Child Psychiatry & Human Development*, v. 50, n. 1, p. 27-34, 2018.

WORLD HEALTH ORGANIZATION (WHO). Classification of Diseases (ICD). 2017. Disponível em: <https://www.who.int/classifications/classification-of-diseases>. Acesso em: 20 jun. 2022.

13. O manejo da ansiedade em estudantes de Medicina: a intervenção conjunta entre a Terapia Cognitivo-Comportamental e a Psicofarmacologia

Miguel Soares de Brito Júnior

1. Introdução

Há um movimento dentro do curso de Medicina que visa a reformulação dos currículos, buscando uma graduação mais humanizada e centrada no indivíduo. Assim, busca-se fugir da ideia organicista e patológica, saindo de um modelo biomédico e curativo para alcançar o biopsicossocial e integrativo. Apesar disso, os fatores estressores e propulsores de sofrimento psíquico decorrentes do percurso acadêmico geram uma atmosfera de preocupação para com os futuros profissionais e levanta questionamentos acerca da necessidade de intervenções que promovam a melhoria da saúde mental desses estudantes (KALUF, 2019). Ainda que o contato precoce com os pacientes possa auxiliar na maturidade emocional e no profissionalismo, os aspirantes a médicos carecem de um olhar atento acerca do ingresso deles nos sistemas de saúde, bem como no contato com os corpos sem vida, de modo que a objetificação dos sujeitos não corrobore no distanciamento entre estudantes-pacientes e no desequilíbrio psíquico.

É inegável a influência da formação acadêmica na esfera psicológica dos estudantes. Os diversos efeitos estressores da prática da

Medicina acarretam sintomas depressivos, ansiosos e aumentam os índices de suicídio e esgotamento emocional. A qualidade de vida, conceito que abrange aspectos objetivos e subjetivos, é visto como fundamental para se pesar os males que se desdobram por conta das pressões exercidas aos que ainda estão na fase de preparação para o ambiente laboral. Observa-se que, ao longo do curso, a qualidade de vida dos estudantes decai e que os sintomas que revelam o sofrimento psíquico aumentam, deixando clara a importância de ações universitárias em prol da manutenção do bem-estar diante do processo de aprendizado (FIGUEIREDO, 2014).

A Medicina, ao longo dos anos, se transformou, ganhando novas faces e novas intervenções, buscando assumir posturas mais associadas à identidade dos enfermos. Entretanto, ainda está muito longe de compreender a complexidade do ser humano e ainda devota boa parte dos seus conhecimentos e das suas abordagens aos corpos sem vida e às patologias. O avanço da biotecnologia e as novas Diretrizes Curriculares Nacionais de Graduação em Medicina (DCN) adaptaram o curso, mas ainda se observam resquícios de uma formação que ainda mantém laços organicistas em sua essência e que perpetua um distanciamento entre médico-acadêmico-paciente. Os cadáveres são vistos como objetos privilegiados e os jalecos brancos blindam os sujeitos em formação de um contato mais afinco com as subjetividades que os cercam. O efeito clássico e nítido desse processo de ensino é o descontentamento com a própria defasagem psíquica e uma tendência de sofrimento que se cala diante das dificuldades encontradas no curso. O olhar biologicista não apenas afeta a prática profissional do futuro, como também inibe os corpos dos acadêmicos de reagirem de forma favorável às intervenções em saúde mental para si próprios. É um efeito cascata de declínio emocional que se inicia, em partes, com a arquitetura de um curso que busca a cura e o auxílio majoritariamente orgânico do outro que sofre, revelando também a contradição existente na caminhada dos médicos (DE BRITO JÚNIOR; CURI, 2020).

Estudos brasileiros revelaram um dado preocupante: é observável que entre 30% e 44% das amostras de estudantes de Medicina se apresenta com algum tipo de transtorno mental comum ou sintoma, tornando imprescindível a atenção das universidades para atividades de promoção de saúde, juntamente com serviços de saúde e com a família desse público. A dificuldade de manutenção das relações sociais fora do contexto universitário assim como a diminuição da produtividade e do rendimento escolar corrobora para a precarização do psicológico desses estudantes (GRETHER, 2019).

É notório que as consequências da formação para a saúde mental dos futuros médicos são inúmeras, entretanto, no presente trabalho, o foco será o tratamento da ansiedade levando em consideração uma abordagem mista: psicoterapia e psicofarmacologia. As intervenções da Terapia Cognitivo-Comportamental são ditadas como tão efetivas quanto o tratamento farmacológico, entretanto ela tende a levar mais tempo para atingir a efetividade e, além disso, possui um maior custo. O que fica evidente em diversas bibliografias é que a combinação de ambos os tratamentos parece mais efetiva do que qualquer abordagem isoladamente, levantando uma discussão importante acerca das intervenções não-farmacológicas no combate à ansiedade. Assim sendo, esse capítulo tem por objetivo trazer à luz do conhecimento essa junção, destacando exemplos e justificando a comunhão.

2. Farmacologia clínica dos estados de ansiedade

Os transtornos envolvendo a ansiedade são transtornos mentais frequentemente associados a um estado desagradável de tensão, apreensão e inquietação sendo caracterizados por um temor, muitas vezes de fonte desconhecida. As manifestações físicas são semelhantes às do medo, cursando com taquicardia, sudorese excessiva, tremores e palpitações, envolvendo diretamente a estimulação simpática. É válido destacar que a ansiedade faz parte de experiências comuns da vida, que auxilia na maior capacidade de os indivíduos se prepararem para situações de maior estresse ou demanda individual, porém, os casos mais intensos, crônicos e debilitantes devem ser tratados com ansiolíticos (os chamados fármacos antiansiedade), com ou sem a associação de uma psicoterapia. Além disso, fármacos antidepressivos costumam estar relacionados também aos tratamentos dos distúrbios de ansiedade (WHALE; FINKEL; PANAVELIL, 2016).

A ansiedade se manifesta de inúmeras formas no organismo humano e suas respostas vão desde aspectos psicológicos à comportamentais. No que tange à sua sintomatização psíquica, se manifesta com aumento da vigilância, tensão motora e hiperatividade autônoma. Em se tratando da ansiedade excessiva ou irracional sobre circunstâncias da vida, como o transtorno de ansiedade generalizado, os transtornos de pânico e a agorafobia, a psicofarmacologia e a psicoterapia quando combinadas resultam em um bom avanço terapêutico. Destaca-se que nos tratamentos da ansiedade aguda e dos ataques de pânico, os benzodiazepínicos ainda são amplamente utilizados, inclusive, também indicados em casos de tratamento em longo prazo (Katzung, 2017).

A escolha dos benzodiazepínicos está correlacionada aos vários princípios farmacológicos, como o rápido início de ação, o índice terapêutico relativamente alto, considerando a disponibilidade de flumazenil para os casos de superdosagem, o baixo risco de interações medicamentosas com base na indução das enzimas hepáticas e os efeitos mínimos sobre as funções cardiovasculares ou autônomas. Embora ainda seja uma escolha para o tratamento dos pacientes com ansiedade, os benzodiazepínicos possuem o risco de dependência, depressão do SNC (que se amplifica com a associação às bebidas alcoólicas) e efeitos amnésicos. Entende-se que os sedativos hipnóticos devem ser prescritos com cautela e respeitando os momentos do dia em que são mais tolerados pelos pacientes, como quando se faz uso da maior parte deles ao deitar, enquanto doses menores são administradas ao longo do dia, de modo que não se comprometa também as atividades cotidianas (Katzung, 2017).

No que tange à TAG e certas fobias, os antidepressivos como os inibidores da recaptação de serotonina-norepinefrina (IRSNs) e os inibidores seletivos da recaptação de serotonina (ISRSs) são considerados fármacos de primeira escolha, porém, com início de ação mais lento e eficácia limitada quando comparados a outras intervenções para os casos de ansiedade aguda. Eles foram aprovados para todos os transtornos de ansiedade maior, incluindo transtorno de estresse pós-traumático (TEPT), transtorno obsessivo compulsivo (TOC), transtorno de ansiedade social e outros. Geralmente faz-se necessário o uso dos benzodiazepínicos ou antidepressivos por longos períodos, mesmo em associação com a psicoterapia em virtude da manutenção de uma vantagem alcançada e para que se possa minimizar as chances de recaídas (KATZUNG, 2016).

3. Psicoterapia sob a utilização da Terapia Cognitivo-Comportamental (TCC)

Levando em consideração o sofrimento psíquico decorrente das dificuldades de adaptação dos estudantes aos diferenciais dos cursos de Medicina, podendo acarretar em desmotivação pelo que estuda, desencanto com a própria faculdade, abandono do curso e demais complicações sociais e pessoais, faz-se necessário estimular a busca por um serviço especializado e que possa fornecer auxílio para o combate aos efeitos nocivos da ansiedade desse processo. A Terapia Cognitivo--Comportamental (TCC) se caracteriza pela resolução dos problemas presentes e atuais, atuando na reestruturação dos pensamentos disfuncionais (cognição) e pela reestruturação de comportamentos também disfuncionais (BECK, 1964). O objetivo central dessa abordagem é romper com o ciclo que amplifica o desgaste emocional dos indivíduos, perpetuando pensamentos que alteram a percepção das emoções e acarretam, a partir delas, mais angústia e ansiedade. Atua-se diretamente nos pensamentos automáticos que estão intimamente relacionados ao humor e ao comportamento individual.

Tabela 1 – Apresentação farmacológica das principais intervenções

FÁRMACOS UTILIZADOS NO TRATAMENTO DA ANSIEDADE				
Subclasse e exemplos	Mecanismo de ação	Efeitos	Aplicações clínicas	Farmacocinética, toxicidades, interações e outras informações
FÁRMACOS SEDATIVO-HIPNÓTICOS				
BENZODIA-ZEPÍNICOS: (Alprazolam, Clordiazepóxido, Clorazepato, Clonazepam, Diazepam, Estazolam, Flurazepam, Lorazepam, Midazolam, Oxazepam, Quazepam, Temazepam, Triazolam)	Ligam-se a subunidades específicas do receptor de GABAa em sinapses neuronais do sistema nervoso central (SNC), o que facilita a frequência de abertura dos canais iônicos de cloreto mediados pelo GABA - aumento da hiperpolarização da membrana.	Possuem efeitos sedativos e de diminuição dos estados de ansiedade; efeitos depressores do SNC; amnésia; hipnose; anestesia; coma e depressão respiratória.	Utilizados em casos de ansiedade aguda, ataques de pânicos e ansiedade generalizada; insônica e demais transtornos do sono; relacamento muscular esquelético; anestesia (como adjuvantes); distúrbios convulsivos. Muito utilizados nos casos de associação de ansiedade com depressão e esquizofrenia.	São os ansiolíticos mais utilizados, substituindo os barbitúricos. Meias-vidas de 2 a 40 horas, podendo ter efeito prolongado; atividade oral e metabolismo hepático (fígado), com a presença de alguns metabólitos ativos; no que tange à toxicidade eles têm extensão dos efeitos depressores do SNC e tendência à dependência; Interações: depressão aditiva do SNC com etanol e outras substâncias.
ANTAGONISTAS DOS BENZODIAZEPÍ-NICOS: (Flumazenil)	Antagonista nos sítios de ligação do receptor de GABAa para benzodiazepínicos.	Bloqueia as ações dos benzodiazepínicos e do zolpidem, mas não de outros agentes sedativo-hipnóticos.	Tratamento de superdosagem de benzodiazepínicos.	Administração intra-venosa, com meia vida curta; Toxicidade: agitação, confusão mental e abstinência na dependência de benzodiazepínico

FÁRMACOS UTILIZADOS NO TRATAMENTO DA ANSIEDADE

Subclasse e exemplos	Mecanismo de ação	Efeitos	Aplicações clínicas	Farmacocinética, toxicidades, interações e outras informações
FÁRMACOS SEDATIVO-HIPNÓTICOS				
BARBI-TÚRICOS: (Amobarbital, Butabarbital, Mefobarbital, Pentobarbital, Fenobarbital, Secobarbital)	Ligam-se a subunidades específicas do receptor GABAa em sinapses neuronais do SNC, aumentando a duração da abertura dos canais iônicos de cloreto mediados pelo GABA.	Possuem efeitos depressores do SNC, dependendo da dose; sedação e alívio da ansiedade, hipnose, anestesia, coma e depressão respiratória.	Anestesia (tiopental); insônia (secobarbital); distúrbios convulsivos (fenobarbital).	Com atividade oral e metabolismo hepático; Toxicidade: extensão dos efeitos depressores do SNC, com tendência à dependência maior do que os benzodiazepínicos; Interações: depressão do SNC com etanol e outras substâncias.
AGONISTA DO RECEPTOR DE 5-HT: (Buspirona)	Mecanismo incerto de ação: agonista parcial dos receptores de 5-HT, mas também com afinidade pelos receptores D2.	Início lento, cerca de 1 a 2 semanas para os efeitos ansiolíticos; comprometimento psicomotor mínimo; nenhuma depressão aditiva do SNC com fármaos sedativo-hipnóticos.	Estados de ansiedade generalizada (tratamento de casos crônicos).	Atividade oral, formando metabólito ativo; meia vida curta; Toxicidade: taquicardia; parestesias; desconforto gastrointestinal. Pouco utilizada para ansiedade aguda e não é eficaz para tratamentos de curta duração.

FÁRMACOS UTILIZADOS NO TRATAMENTO DA ANSIEDADE

Subclasse e exemplos	Mecanismo de ação	Efeitos	Aplicações clínicas	Farmacocinética, toxicidades, interações e outras informações
FÁRMACOS ANTIDEPRESSIVOS				
INIBIDORES SELETIVOS DA RECAPTAÇÃO DE SEROTONINA (ISRSs): (Fluoxetina, Citalopram, Escitalopram, Paroxetina, Setralina)	Bloqueio altamente seletivo do transportador de serotonina (SERT), com pouco efeito sobre o transportador de norepinefrina (NET).	Aumento agudo da atividade sináptica serotoninérgica, com alterações mais lentas em várias vias de sinalização e atividade neurotrófica.	Utilizados em casos de depressão maior, transtornos de ansiedade, pânico e obsessivo-compulsivo, assim como TEPT e bulimia.	Com meia-vida de 15 a 75 horas; atividade oral; Toxicidade: são bem tolerados, porém, causam disfunção sexual;
INIBIDORES DA RECAPTAÇÃO DE SEROTONINA-NOREPINEFRINA (IRSNs): (Duloxetina, Venlafaxina)	Bloqueio moderadamente seletivo do NET e do SERT.	Aumento agudo da atividade simpática serotoninérgica e adrenérgica.	Utilizados em depressão maior, distúrbios com dor crônica, fibromialgia, sintomas de perimenopausa, sintomas ansiosos.	Toxicidade: causam sedação, hipertensão venlafaxina

Fonte: Ataptado de Katzung (2016).

A TCC pode ser útil em diversas etapas do processo de condução acadêmica do estudante de Medicina, desde a inserção dele no ambiente universitário até o momento da finalização do curso, em que estarão próximos de assumirem a responsabilidade da profissão. Os pensamentos de insuficiência, de incapacidade e depreciação caminham em concomitância com os desdobramentos da graduação, atrapalhando os futuros médicos no combate à ansiedade desencadeada pelos efeitos estressores e pelas pressões de todas as ordens, seja de si próprios, seja do ambiente do curso, seja dos familiares e amigos. O combate a esses pensamentos pode ser a porta de saída desses indivíduos para uma vida com mais qualidade e menos desgaste físico-emocional.

Segundo Oliveira *et al.* (2013), é válido que os estudantes universitários de modo geral sejam submetidos a técnicas que podem auxiliar na promoção do bem-estar, gerando suporte suficiente para o enfrentamento do cotidiano de adoecimento psíquico. Ainda são escassas as referências bibliográficas que associem a TCC aos estudantes de Medicina. Entretanto, sabe-se que, a partir de estudos qualitativos, os pensamentos negativos e limitantes estão na gênese das crises de ansiedade e devem ser ressignificados para que não desencadeiem transtornos mentais maiores. No trabalho desses autores, destaca-se a utilização de algumas técnicas, como o registro de pensamentos disfuncionais, o exame e contestação das distorções cognitivas, as técnicas de oposição, descatastrofização, teste das previsões negativas, advogado de defesa, gráfico em forma de torta, negação e resolução dos problemas, agir "como se", agendamento de atividades e aceitação.

Em diversos estudos envolvendo os estudantes de Medicina, sejam eles de caráter quantitativo, qualitativo ou misto, destacam-se pensamentos de menos valia com relação às próprias habilidades, dificuldade para novas amizades, dificuldade de manutenção de relações já existentes, problemas de ordem familiar e de convivência, diminuição do tempo para lazer por necessidade de estudo, pensamentos depressivos e de autodepreciação, insatisfação com o comportamento sexual, entre outros. (TANAKA, 2015; ANDRADE, 2014). Atuar com a Terapia Cognitivo-Comportamental, de modo estruturado e promovendo uma formulação cognitiva, fazendo com que os estudantes aprendam a avaliar seus pensamentos de forma realista e adaptativa, favorecerá uma melhora do estado emocional e do comportamento (BECK, 1964).

O tratamento segundo a TCC se baseia em uma conceituação ou compreensão de cada paciente (suas crenças e padrões de comportamento). Ela é orientada para os objetivos e focada nos problemas, enfatizando o presente e as angústias que estão diretamente relacionadas com o desencadeamento dos sinais ansiosos, se propondo a ser educativa e ensinando o paciente a ser o seu próprio terapeuta a partir da prevenção de recaídas e combate aos pensamentos automáticos. Assim sendo, ela ensina os pacientes a identificar, avaliar e responder aos seus pensamentos e crenças disfuncionais, direcionando a mudança do modo de se pensar as circunstâncias da vida e suas habilidades, bem como o humor e o comportamento (BECK, 1964).

Segundo König (2020), em um estudo acerca dos sintomas ansiosos e depressivos, por meio de um estudo qualitativo observacional individualizado, foi possível destacar a presença de inúmeros pensamentos incapacitantes. Sabe-se que esses sintomas acometem cerca de 35% dos estudantes de Medicina e provocam prejuízos sociais, funcionais e intelectuais severos, ocasionando sofrimento psíquico e distúrbios de comportamento (de risco e suicida). Assim, pretendeu-se com o trabalho supracitado identificar o momento de instalação dos sintomas ansiosos e viabilizar a proposta de estratégias de *cooping*. Nos relatos coletados, foi possível admitir que os estudantes criem percepções ilógicas acerca de si mesmas e do mundo em que estão inseridos, adquirindo erros cognitivos e pensamentos disfuncionais, gerando um processo de amplificação dos sintomas tanto ansiosos, quanto depressivos. Assim, destaca-se a comparação com os colegas, comportamentos desadaptativo, sentimento de fraude, estresse, esgotamento físico-emocional e até ideação suicida. A conclusão do trabalho permitiu compreender que é possível, com as técnicas da TCC, diminuir os efeitos da ansiedade, não se abstendo de se pensar em intervenção farmacológica conjunta.

4. Conclusão

A saúde mental do estudante de Medicina segue em destaque nos últimos anos em decorrência de diversos estudos vinculando os altos níveis de ansiedade ao longo da graduação e o esgotamento físico e emocional, bem como os casos de suicídio e depressão recorrentes. Essa ênfase também caminha em concomitância com a busca por soluções para a problemática que se desdobra com o caminhar de formação dos futuros médicos.

Tabela 2 – Apresentação farmacológica das principais intervenções

TÉCNICAS DA TERAPIA COGNITIVO COMPORTAMENTAL		
Técnicas	Descrição	Limitações e dificuldades
Registro de Pensamentos Disfuncionais (RPD)	Permite identificar emoções, cognições e comportamentos. Anota-se o pensamento e a emoção que se identifica quando notar a alguma alteração em seu humor. Permite que os acadêmicos reconheçam as situações que estão distorcendo, para começarem a pensar de forma mais coerente com a realidade, diminuindo as alterações de humor. Essas distorções podem gerar ansiedade excessiva. A troca dos pensamentos negativos e disfuncionais por alguns mais realistas e flexíveis gera mais conforto e diminui a ansiedade.	Pessoais, interpessoais, diferenças entre o ensino médio e o superior, estilo dos professores.
Exame e contestação das distorções cognitivas	Pode auxiliar nas dificuldades pessoais, interpessoais, relacionadas às diferenças entre a vida antes e depois da entrada no curso, bem como em outros aspectos relacionados aos pensamentos mais limitadores, como os que se relacionam à gestão do tempo e ao estilo dos professores. Ensina-se os indivíduos a identificar seus pensamentos automáticos, categorizá-los conforme a distorção que representam e contestá-los, perguntando a si mesmos se há evidência que comprovem aquelas informações. O profissional que reconhece uma distorção cognitiva do tipo deveria, pode intervir com essa técnica. O aluno diz "os meus colegas de turma deveriam ser mais empáticos", e assim, o profissional questiona o que seria empatia e pergunta a ele se todas as pessoas possuem essa mesma definição de forma clara, assim, a partir da resposta, concluirá que as pessoas podem ter percepções diferentes. Esse processo pode ser incentivado toda vez que o profissional perceber alteração de humor.	Pessoais, interpessoais, diferenças entre o ensino médio e o superior, estilo dos professores.

TÉCNICAS DA TERAPIA COGNITIVO COMPORTAMENTAL		
Técnicas	Descrição	Limitações e dificuldades
Oposição	Desenvolver pensamentos opositores para os pensamentos irracionais, sempre se baseando na realidade. O pensamento "e se eu não for um bom profissional" poderia ser confrontado com "não é verdade, visto que estou estudando os conteúdos e participando das atividades que podem melhorar a minha formação". É importante desafiar as distorções cognitivas repetidamente. (McMullin, 2005).	Pessoais, interpessoais, diferenças entre o ensino médio e o superior, estilo dos professores.
Descatastrofização	Pode-se para obter o registro, em uma escala de 1 a 10 (sendo 1 equivalente a nenhum perigo, e 10, catástrofe), o pior resultado possível de uma situação. Após, se repete o procedimento com o melhor resultado possível. Na sequência decide, levando em consideração as experiências passadas, o que é mais provável que aconteça. Por exemplo, na situação de retomar os estudos após um longo período ("retornar às salas de aula após ter passado muitos anos fora delas"), o pior resultado poderia ser "não vou conseguir acompanhar e vou rodar", e o melhor, "não vou enfrentar nenhuma dificuldade e terei um desempenho excelente". Já um resultado mais provável pode ser "talvez eu enfrente alguma dificuldade, mas não quer dizer que não terei um desempenho suficientemente bom para ser aprovado".	Pessoais.
Teste das previsões negativas	Ocorre a coleta de informações sobre a realidade e as testa. As previsões de baixo desempenho e de problemas em acompanhar o raciocínio, por exemplo, podem ser testadas com base nas avaliações das disciplinas que o acadêmico for realizando, mostrando-os que nem sempre elas se concretizarão.	Pessoais, interpessoais, cognitivas.
Advogado de defesa	Agir como um advogado de defesa contra as previsões ou as "acusações" dos pensamentos automáticos pode ser eficaz. O pensamento "a maior dificuldade é com o que farei depois...", pode ser respondido assim: os planos futuros podem ser difíceis para qualquer um, mas eu posso buscar identificar meus interesses por meio de atividades extracurriculares.	Pessoais, estilo dos professores.

TÉCNICAS DA TERAPIA COGNITIVO COMPORTAMENTAL		
Técnicas	Descrição	Limitações e dificuldades
Gráfico em forma de torta	Utilizada para determinar a responsabilidade relativa a determinado resultado. No caso das dificuldade interpessoais, o objetivo é avaliar se o estudante tem parcela da responsabilidade sobre os problemas interpessoais que tem vivenciado, pedindo, inclusive, para nomear responsáveis pela situação-problema e, depois, dividir um gráfico em torta conforme a porcentagem da responsabilidade de cada um.	Interpessoais, gestão do tempo, estrutura do curso e da universidade.
Negação dos problemas	Identifica-se o problema e responder "isso não é um problema porque...", completando a frase com as soluções que vierem à mente.	Diferenças entre o ensino médio e o superior, estrutura do curso e da universidade, cognitivas, de transporte, econômicas.
Resolução de problemas	Pode ser aplicada em conjunto com a técnica anterior, identificando e especificando o problema. Após, deve-se gerar múltiplas respostas com soluções para ele, avaliá-las e escolher uma delas para colocar em prática. Se o problema for a assimilação da matéria, o acadêmico pode propor soluções como pedir para o professor explicar novamente ou buscar leitura complementar.	Todas as mencionadas.
Observação da forma como os outros lidam com as coisas	Pensar como as pessoas que passaram por dificuldades similares lidaram com as situações de forma produtiva. Como, por exemplo, como estudar para uma disciplina cuja avaliação diferenciada causa muito medo no ano, e então, ele procura saber com veteranos e outros que já tenham sido aprovados nessa mesma matéria.	Diferenças entre o ensino médio e o superior, estrutura do curso e da universidade, estilo dos professores.

TÉCNICAS DA TERAPIA COGNITIVO COMPORTAMENTAL

Técnicas	Descrição	Limitações e dificuldades
Agendamento de atividades	É mais voltado para ação, podendo auxiliar o sujeito a se organizar e a cumprir aquilo que lhe é exigido. Essa técnica consiste em criar uma planilha com atividades a serem realizadas durante a semana. Ao lado de cada atividade, deverá atribuir uma nota para prazer e habilidade esperados, que será confrontada com o prazer e a habilidade que de fato foram obtidos em cada uma (Knapp, 2004). Pode ajudar, inclusive, a resolver problemas relacionados com a gestão do tempo.	Diferenças entre ensino médio e superior, gestão do tempo.
Experimento comportamental	pode ser utilizado para lidar com dificuldades pessoais relatadas, testando a validade dos pensamentos. O pensamento "tenho dificuldade para falar em público" pode ser trabalhado para identificar o que de fato causa. Por exemplo, se o acadêmico tiver medo de ser humilhado durante a apresentação, o experimento pode ser apresentar um trabalho e verificar como os colegas reagirão.	Pessoais.
Agir "como se"	Consiste em experimentos para desenvolver postura e comportamento condizentes com a pessoa que deseja ser. Por exemplo, se o jovem conseguir agir como se fosse seguro e extrovertido, isso significa que ele pode ser assim.	Pessoais.
Aceitação	Nem todas as dificuldades podem ser modificadas. Há aspectos que requerem adaptação. A aceitação prevê que os acadêmicos precisam aceitar algumas situações, enfrentando-as, bem como apreciando o que é possível.	Diferenças entre o ensino médio e superior, estrutura do curso e da universidade, cognitivas, econômicas, de transporte, estilo dos professores.

Fonte: Adaptado de Oliveira *et al.* (2013).

Assim sendo, a psicofarmacologia é apresentada como uma intervenção já conhecida e com eficácia comprovada no que tange principalmente os casos que necessitam de resultados à curto prazo, como os emergenciais, e a psicoterapia é vista como contribuinte clássica para o acompanhamento e manutenção do estado emocional que favoreça o combate às recaídas. Entende-se, inclusive, que a TCC, como abordagem, tornou-se fundamental para o combate à ansiedade que se relaciona aos pensamentos automáticos e disfuncionais, que não possuem contribuições positivas aos indivíduos e precisam ser desmistificados e ressignificados.

A prática da Medicina acarreta uma série de comprometimentos psicológicos vinculados às suas particularidades e, por isso, necessita de um olhar atento aos domínios negativos aos quais os estudantes estão em contato. O presente trabalho reforça a necessidade de mais estudos que comprovem a correlação entre a psicofarmacologia e a TCC, assim como apresenta a associação como uma intervenção ainda mais eficaz no manejo da ansiedade.

Referências:

ANDRADE, João Brainer Clares de *et al*. Contexto de formação e sofrimento psíquico de estudantes de medicina. Revista Brasileira de Educação Médica, v. 38, n. 2, p. 231-242, 2014.

DE BRITO JÚNIOR, Miguel Soares de; & CURI, Paula Land. Notas sobre a formação médica. *Ensino, Saude e Ambiente*, v. 13, n. 2, 2020.

FIGUEIREDO, Adriana Maria de *et al*. Percepções dos estudantes de medicina da UFOP sobre sua qualidade de vida. *Revista Brasileira de Educação Médica*, v. 38, n. 4, p. 435-443, 2014.

GRETHER, Eduardo Otávio *et al*. Prevalência de Transtornos Mentais Comuns entre Estudantes de Medicina da Universidade Regional de Blumenau (SC). *Revista Brasileira de Educação Médica*, v. 43, n. 1, p. 276-285, 2019.

KALUF, Isabela de Oliveira *et al*. Sentimentos do Estudante de Medicina quando em Contato com a Prática. *Revista Brasileira de Educação Médica*, v. 43, n. 1, p. 13-22, 2019.

KATZUNG, Bertram G.; & TREVOR, Anthony J. *Farmacologia Básica e Clínica-13*. McGraw Hill Brasil, 2017.

KÖNIG, L. R. C. *et al*. Ansiedade e depressão em estudantes de medicina: análise qualitativa com base na Terapia Cognitivo-Comportamental. In: *II Congresso de Saúde Coletiva da UFPR*. 2020.

OLIVEIRA, Clarissa Tochetto de; DIAS, Ana Cristina Garcia; & PIC-COLOTO, Neri Maurício. Contribuições da terapia cognitivo-comportamental para as dificuldades de adaptação acadêmica. *Revista Brasileira de Terapias Cognitivas*, v. 9, n. 1, p. 10-18, 2013.

TANAKA, Márcia Miki *et al.* Adaptação de alunos de medicina em anos Iniciais da Formação. *Revista Brasileira de Educação Médica*, v. 40, n. 4, p. 663-668, 2015.

WHALEN, Karen; FINKEL, Richard; & PANAVELIL, Thomas A. *Farmacologia Ilustrada*. 6. ed. São Paulo: Artmed Editora, 2016.

14. Manejo de estresse e ansiedade na Síndrome de Burnout: uma revisão bibliográfica

Liliam Souza Aguiar
Sara Reigiana Ribeiro da Silva

1. Introdução

É fácil perceber que atravessamos tempos extremamente estressantes em todos os aspectos, desde a vida particular de cada indivíduo até a situação político-econômico-social do país e do mundo. Atualmente, tivemos o acréscimo das implicações trazidas pelo isolamento social e a imprevisibilidade quanto ao futuro trazida pela Pandemia do COVID-19, assim declarada em 11 de março de 2020 pela Organização Mundial da Saúde. O surto do vírus SARS-COV-2 trouxe uma nova realidade na dinâmica do trabalho e as dificuldades relacionadas ao desemprego já se pode observar através da sobrecarga de ansiedade na população de todas as idades e gêneros.

A ansiedade por vezes pode criar o estresse e em outras ocasiões pode ser um sintoma deste, gerado por outra fonte. Ela se manifesta por uma inquietação crescente, usualmente acompanhada pela sensação de perigo iminente, interferindo no equilíbrio emocional.

O estresse experienciado individualmente acaba refletindo-se nas relações interpessoais, logo, as organizações têm sido um reflexo ou um microcosmo daquilo que acontece individualmente. Profissionais são impactados por diversas situações estressantes e muitas vezes não sabem como lidar com elas, sofrem diferentes pressões por longos períodos de tempo e a tendência é desenvolver uma série de comprometimentos biopsicossociais, que prejudicam não só a qualidade de vida e saúde, mas também a qualidade do trabalho em si (Lipp, 2002).

O *burnout* é um tipo de estresse ocupacional caracterizado por profunda frustração e exaustão em relação ao trabalho, podendo-se estender a outras áreas da vida do indivíduo. O *burnout* é oriundo de uma série de eventos traumáticos e fruto de um processo cumulativo, é consequência de um estresse crônico caracterizado por exaustão física, mental e emocional (Lipp, 2002).

2. Os conceitos de ansiedade, *stress* e *burnout*

> A ansiedade patológica se diferencia pela intensidade, pelo caráter anacrônico, repetitivo e desproporcional ao ambiente, sendo caracterizada por um sentimento desagradável de apreensão negativa em relação ao futuro. (Pitta, 2011 *apud* Reyes; Fermann, 2017)

A ansiedade é uma das nossas emoções e graças a ela nos impulsionamos para fora do estado de letargia ou acomodação e permanecemos alerta aos estímulos externos; ou seja, a ansiedade nos mantem seguros do perigo, pois está ligada ao instinto de luta-fuga. Este estado emocional de preocupação excessiva é junto com a depressão o grande mal do século. Uma combinação que adoece milhões de pessoas pelo mundo, pessoas cuja rotina estressante muitas vezes não é percebida até que haja um adoecimento físico grave.

Originalmente, o termo inglês *stress* era empregado em física para traduzir o grau de deformidade sofrido por um material, quando submetido a esforço ou tensão. Ao passar para a biologia, a definição ficou incompleta devido à complexidade do sistema biológico. Logo, em 1935, o fisiologista Walter Cannon escreveu *Stress and strains of homeostasis*, estabelecendo uma relação de proximidade entre a função neuro-vegetativa simpática e a atividade emocional, evidenciando modificações fisiológicas subjacentes aos estados de medo, fome, dor, raiva – caracterizados pela secreção adrenalínica de emergência; ou seja, o organismo tende a enfrentar possíveis agressões à sua integridade. Segundo Cannon (1935), o organismo tenta manter o equilíbrio a fim de preservar a sua existência.

O estresse é, então, definido como uma resposta/reação formada de alterações psicofisiológicas a uma situação externa ou interna que reflete a tentativa do corpo de fazer um ajuste (LIPP, 1996; LIPP; MALAGRIS, 1995). As mudanças ocorridas no corpo, no início da resposta, se manifestam de forma semelhante em todas as pessoas – taquicardia, sudorese excessiva, tensão muscular, boca seca e a sensação de estado de alerta. Quando o processo está mais adiantado, as características individuais marcam diferenças de acordo com a herança genética do indivíduo combinada com pontos de enfraquecimento, desenvolvidos no decorrer da vida (LIPP; MALAGRIS, 1995), o desgaste do organismo ocorre de forma mais intensa quando a homeostase interna é perturbada por períodos longos ou de modo muito agudo. Podemos didaticamente dividir o estresse em fases, segundo o modelo quadrifásico de Lipp (LIPP; MALAGRIS; NOVAIS, 2007): a **fase de alerta** ou **reação de alarme** inicia-se assim que o indivíduo se confronta com um agente estressor ou fonte de estresse, o organismo se prepara para o estado de "luta ou fuga", consequentemente, causando quebra da homeostase orgânica. Aliás, a principal ação do *stress* é a quebra do equilíbrio interno, o que acontece devido à exacerbação do sistema nervoso simpático e desaceleração vinculada ao sistema nervoso parassimpático, nos momentos de tensão. Esta fase pode durar algumas horas quando o estressor é de curta duração, ou quando a situação é reavaliada e a estimativa de ameaça é revista, então, o organismo se restabelece e volta a homeostase sem danos. Se a pessoa souber administrar o estresse e usar a energia produzida nesta fase positivamente, sua produtividade, motivação e entusiasmo podem até aumentar.

Se o estressor não cessa ou é muito intenso, mas não letal, o organismo, através de sua ação reparadora, tenta restabelecer o equilíbrio interno (homeostase), entrando na **fase de resistência**. Nela, a pessoa utiliza toda sua energia adaptativa de reserva em busca do reequilíbrio; quando consegue, os sintomas iniciais desaparecem e o indivíduo tem a impressão de estar melhor. No entanto, se o agente estressor exige um esforço adaptativo maior do que aquele possível para o organismo, este se enfraquece e fica vulnerável a doenças. Aparece frequentemente a sensação de desgaste generalizado (sem causa aparente) e dificuldades de memória. Em decorrência de alterações do Sistema Nervoso Central e glândulas suprarrenais, algumas doenças já começam a aparecer no fim da fase de resistência, tais como: herpes simples, psoríase, picos de hipertensão, diabetes em pessoas geneticamente predispostas, retração de gengivas, gripes, tonturas, sensação de estar levitando, diminuição da libido, dentre outras. Porém, se a pessoa utilizar técnicas de controle do estresse para relaxar, desmobilizar-se, ou se o estressor é eliminado, ela pode voltar ao normal, sem sequelas. Mas, se a pessoa permanece nesta fase por um longo tempo, o processo se desenvolve na direção da fase de exaustão (LIPP; MALAGRIS, 1995).

Na fase de resistência, a pessoa tenta lidar com os estressores a fim de manter sua homeostase interna, mas se os fatores estressantes persistirem com a mesma frequência e/ou intensidade, ocorre uma quebra na resistência do indivíduo e ele entra na **fase de quase exaustão**. É neste ponto que se inicia o processo de adoecimento (LIPP, 2002).

O processo de estrese evolui caso o agente estressor, ao qual o organismo se adaptou, aja por um longo período de tempo, esgotando toda a energia adaptativa, ou se a resistência da pessoa não for suficiente para lidar com a fonte de *stress*, ou ainda, se muitos estressores ocorrem ao mesmo tempo. Nesse ponto, instala-se a **fase de exaustão ou esgotamento**, em que o indivíduo é atingido biológica e psicologicamente. Este estágio é caracterizado pelo aumento das estruturas linfáticas, a exaustão psicológica, sob a forma de depressão normalmente ocorre e a exaustão física se manifesta, doenças começam a aparecer e em alguns casos a morte pode ocorrer (LIPP; MALAGRIS, 1995). Os indivíduos são atingidos globalmente, mas cada um tem propensão a adoecer conforme o órgão de maior fragilidade (*locus de minorresistance*), herança genética, constituição orgânica, acidentes ou doenças pregressas, idade, etnia, alimentação e condição física geral (MELEIRO, 2002; LIPP; MALAGRIS, 1995). Psicologicamente, com frequência, pode ocorrer depressão, ansiedade aguda, inabilidade em tomar decisões, vontade de fugir de tudo, irritabilidade, autodúvida. Fisicamente, pode aparecer, muitas vezes, hipertensão arterial essencial, psoríase, vitiligo, retração de gengivas, úlceras gástricas e até mesmo diabetes.

Alguns eventos e situações são considerados intrinsecamente estressantes ou "biogênicos" – frio, fome e dor, atuando automática e diretamente no desenvolvimento do estresse sem depender tanto da interpretação individual (EVERLY, 1989 *apud* LIPP; MALAGRIS, 1995). Há também, segundo Lipp e Malagris (1995) os estressores internos –

determinados pelo próprio indivíduo, que fazem parte do seu mundo interno, das suas cognições, do seu modo de ver o mundo, das suas crenças (ELLIS, 1973 *apud* LIPP, 1996), do seu nível de assertividade e expressão de sentimentos (LIPP; ROCHA, 1994), de seus valores, do seu padrão de comportamento (HILTON; ROTHEILER, 1991 *apud* LIPP, 1996), das suas vulnerabilidades, da sua ansiedade e de seu esquema de reação à vida – e externos – constituídos de eventos ou condições externas que afetam o indivíduo e, muitas vezes, não dependem do seu mundo interno, p.ex., acidentes, mortes, brigas, mudanças políticas e econômicas do país, dificuldade financeira, promoções no emprego, nascimento de filhos, ou seja, qualquer situação que ocorra fora do corpo e da mente da pessoa, seja ela agradável ou desagradável. Atualmente, tem recebido bastante atenção outro tipo de estressor externo: a profissão do indivíduo, chamado *stress* ocupacional.

Um quadro de *stress* prolongado pode levar a ocorrência de sintomas crônicos e também ao *burnout*. A Síndrome de *Burnout* é um conceito importante na área do estresse ocupacional. Trata-se de uma forma de reação de *stress* crônico no trabalho, que ocorre em profissões que possuem intenso e constante contato interpessoal, surgindo um profundo sentimento de frustração e exaustão em relação ao trabalho, que pode se estender a todas as áreas da vida (REINHOLD, 2002). Energia envolvimento e eficácia são aos poucos substituídos por exaustão física, emocional e mental, perda do sentimento de realização no trabalho e despersonalização extrema, manifesta através de atitudes negativas para com as pessoas no trabalho.

Burnout tem uma base relacional, que tem origem na tensão emocional e nos recursos de enfrentamento que o indivíduo utiliza nas inter-relações presentes nas mais diversas situações de trabalho. É uma síndrome que sempre tem consequências negativas para o indivíduo, tanto no seu trabalho como na vida pessoal, enquanto o estresse pode ser útil dependendo do seu nível. Byrne (1993 *apud* CARLOTTO, 2002) afirma que *burnout* é a etapa final das progressivas tentativas malsucedidas do indivíduo em lidar com o estresse decorrente de condições de trabalho negativas. Segundo Helga Reinhold (2002), muitas vezes o *burnout* se instala devido a expectativas muito elevadas e que não se realizam no trabalho do indivíduo. Falta de reconhecimento, segundo a autora, também é um fator predisponente para o *burnout*, principalmente, quando existe um engajamento inicial muito elevado. Para Maslach e Leiter (1997 *apud* Carlotto, 2002), cada indivíduo expressa a síndrome de uma forma única, mas de uma maneira geral, apresenta-se como um processo gradual onde a pessoa começa a perder o significado e a fascinação pelo trabalho, dando lugar a sentimentos de aborrecimento e falta de realização.

Reinhold (2002) defende a existência de cinco passos no desenvolvimento do *burnout*. Inicialmente, (1) o entusiasmo e a dedicação ao trabalho cedem lugar a um sentimento de (2) frustração e raiva como resposta a estressores pessoais, ocupacionais e sociais. Essa frustração e raiva causam (3) diminuição da produtividade e qualidade do trabalho. A isto, segue-se uma (4) vulnerabilidade pessoal crescente, aliada a sintomas físicos, cognitivos e emocionais, que quando não tratados vão aumentando até culminar com uma (5) sensação de "esvaziamento" e de "não ligar para mais nada".

3. Propostas interventivas para ansiedade, stress e burnout na TCC

A TCC oferece uma gama de possibilidades para intervenção, é sobre o que discorreremos a seguir sobre como é possível fazer planejamentos terapêuticos interventivos em quadros de ansiedade, estresse e *burnout*.

Dentro da abordagem terapêutica cognitivo-comportamental, a conceitualização cognitiva é uma excelente ferramenta investigativa que auxilia a compreender o universo do indivíduo e assim elaborar um plano de intervenção terapêutica, onde só então aplicaremos as técnicas que irão dar a percepção que o cliente tem do seu adoecer (Beck, 1997). Ampliar o conhecimento através da psicoeducação, para que possa lidar com suas fontes de estresse e ansiedade e assim melhor gerenciá-los, não se prendendo ao roteiro de identificar e medicar (Fontes, 2016). A todo o momento vamos reavaliando as demandas individuais e cultivando a aliança terapêutica, pois o foco é trazer o cliente para o momento presente com reflexões voltadas para mudança, ou seja, criar um novo conjunto de respostas cognitivas e comportamentais; além de contemplar a prevenção de recaídas (Vaz de Carvalho, 2019).

Na tentativa de reestabelecer a saúde emocional do indivíduo, levamos em conta que o equilíbrio da emoção, pensamentos e crenças coerentes nos fazem mais funcionais no dia a dia. Miguel (2015) afirma que a emoção poderia ser definida como uma condição complexa e momentânea que surge em experiências de caráter afetivo, provocando alterações em várias áreas do funcionamento psicológico e fisiológico, preparando o indivíduo para a ação. Assim sendo, as Estratégias de Regulação Emocional são indispensáveis no plano de intervenção da Síndrome de *Burnout*. Ao psicoeducar sobre emoções e sentimentos visamos ampliar a compreensão do momento vivenciado, compreender a relação de amor e aversão ao local de trabalho, compreender as emoções envolvidas no processo de Exaustão Emocional, Despersonalização e Realização Pessoal, e aliviar as aflições geradas.

Leahy *et al.* (2013) falam da importância do manejo da regulação emocional nos quadros de stress e de como esta exposição constante intensifica a percepção das emoções. Para o autor, esse estado emocional pode levar a comportamentos de compensação, como uso de drogas, isolamento, depressão e outros estilos problemáticos e não assertivos de lidar com o problema vivenciado, gerando ainda mais conflito e novos problemas que podem mascarar o sofrimento real, quando o indivíduo perde a referência de seu sofrimento criando um processo de despersonalização, desrealização e/ou entorpecimento emocional. O movimento de esquiva também é característico no *burnout*, que pode se refletir em falhas na atividade desempenhada, procrastinação e falta constante ao trabalho por motivo de doenças. Após o psicodiagnóstico, as intervenções psicoterápicas propostas incluem, além da psicoeducação, um conjunto de estratégias adaptativas mais eficazes, uma mudança global, onde a proposta é alcançar cada vez mais um estado produtivo, onde o indivíduo se sinta valorizado. Podem-se acrescentar treinamentos de regulação emocional, atividade física e consciência atenta ou plena, mais conhecida como *Mindfulness Mindfull Awareness*.

A Terapia Cognitivo-Comportamental baseada em *Mindfulness* (MBCT) surge como uma ferramenta de acolhimento do momento presente, através da qual trabalhamos aceitação dos eventos externos e internos tal qual eles se apresentam, ampliando a compreensão de causa e efeito (para aprofundar, ver o capítulo 5 deste livro). Esse convite à contemplação tem por objetivo ampliar capacidade de regulação emocional do indivíduo, buscando tirá-lo do estado evitativo e conflitante, não negando o seu momento vivenciado, mas ampliando a compreensão do mundo psíquico que envolve a ruminação, sendo possível assim redirecionar capacidade de superação (LEAHY, 2013; VAZ DE CARVALHO, 2019).

A Terapia Comportamental Dialética (DBT) possui um plano de atendimento baseado em um conjunto de treinamento de habilidades desenvolvido por Marsha M. Linehan, professora de Psicologia, Psiquiatria e Ciências Comportamentais e diretora do Behavioral Research and Therapy Clinics, da Universidade de Washington. Sua obra, publicada em 2018, possui uma gama de técnicas de regulação emocional e treino de habilidades sociais, *meditação* e práticas contemplativas. O raciocínio dialético prega a aceitar as clientes como são, e só assim o terapeuta será capaz de ajudá-lo a promover uma mudança sentimentos, pensamentos e comportamentos, através do diálogo aberto, ou seja, compreendemos a estratégia atual desadaptativa como a melhor maneira que o paciente encontrou para driblar sua dificuldade, e, a partir daí, propor maior compreensão do evento, psicoeducar o seu contexto de adoecimento, emoções, sentimentos e comportamentos, buscando assim novas estratégias mais assertivas. As Estratégias de Mudança se dão através da análise funcional do comportamento, ou análise de cadeia, onde se descreve o comportamento de forma contextualizada, a fim de ampliar sua compreensão, buscando: reconhecer os fatores desencadeantes e a função do comportamento, reduzir os pensamentos disfuncionais como a culpa, a raiva e a frustração, e a mudança virá com a elaboração de novas estratégias de enfrentamento (ABREU; ABREU, 2016).

Lineham (2018) em sua obra disponibiliza recursos extras que podem ser utilizados para o manejo da Síndrome de *Burnout*, como: (1) habilidades de *Mindfulness*; (2) habilidades de efetividade interpessoal, (3) habilidades de regulação emocional; (4) propõe um trabalho preventivo ao desenvolver habilidades para reduzir a vulnerabilidade emocional (ABC SABER). Ela ainda elabora uma lista de atividades prazerosas para pacientes adolescentes e adultos e prática de estratégias de enfrentamento de situações difíceis; (5) habilidades de tolerância ao mal-estar; (6) habilidade S.T.O.P: Pare (*Stop*), recue um passo (*Take a step back*), Observe e Prossiga em *Mindfulness*, (7) sobrevivência a crises inclui um novo conjunto de habilidades destinadas a alterar a fisiologia corporal para regular com rapidez as emoções extremas. Ainda não temos estudos publicados que confirmem sua validade, mas em um levantamento de textos internacionais já encontramos artigos que apontam um bom resultado em profissionais com rotina estafante.

Diante de tantas possibilidades ainda poderemos testar o Protocolo Unificado (em inglês, *Unified Protocol*), de David H. Barlow, Professor of Psychology and Psychiatry Emeritus, elaborado no Center for Anxiety and Related Disorder de Massachusetts, nos EUA), com excelentes resultados na aplicação em casos de transtornos de ansiedade e transtornos depressivos, com indicação para casos de comorbidade e que seria menos efetivo tratar cada transtorno em separado. O Protocolo Transdiagnóstico Unificado, que pode ser aplicado individualmente ou em grupos, oferece as vantagens do aprendizado social por meio da troca de experiências entre os pacientes, promove o foco no tratamento, a possibilidade de expressar sentimentos e interagir de forma flexível com os terapeutas (MAIA *et al.*, 2013).

Podemos pensar nessa possibilidade de utilizar o Protocolo Unificado em intervenções de casos de SB, partindo do pressuposto que esses grupos de pacientes com diferentes transtornos de humor e ansiedade (leves a moderados) obtiveram uma consistente melhora no manejo da ansiedade e dos sintomas fóbicos, melhor desempenho em situações que exigem enfrentamento, resolução de problemas e restauração de estados de humor, tal intervenção promoveu o aumento das habilidades sociais e levaram ao aumento da autoestima e motivação para a vida; assim sendo um recurso de intervenção psicológica que promove resiliência e ressignificação cognitiva do momento vivenciado

5. Considerações finais

Nesta releitura diversificada sobre o manejo da ansiedade, do *stress* e da Síndrome de *Burnout*; notamos como os autores buscam acrescentar seus conhecimentos profissionais adquiridos em um questionamento profundo e assim elaboram estratégias e adaptam a outras já reconhecidas técnicas da terapia cognitivo-comportamental. Os profissionais pelo mundo todo possuem grandes expectativas laborais, trabalham árdua e excessivamente, e nossos olhares sobre o estresse laboral só traz mais certeza de este ser apenas o início de muitas descobertas de manejo e compreensão do quão profundo é adoecer e "queimar-se" por completo emocionalmente a ponto de não mais vincular-se ao ambiente de trabalho.

Enquanto psicólogos, seremos o radar que identifica o sofrimento que muitas vezes passa despercebido por consultórios médicos e não são considerados nas estruturas organizacionais. A cada discussão sobre esse adoecer podermos alertar a sociedade sobre a gravidade do caminho que estamos seguindo, salientando que sem saúde mental não há vida plena.

Referências

ABREU, P. R.; & ABREU, J. H. S. S. Terapia comportamental dialética: um protocolo comportamental ou cognitivo? *Revista Brasileira de Terapia Comportamental e Cognitiva*, v. XVIII, n. 1, p. 45-58 2016. Disponível em: <file:///C:/Users/Maria%20Luiza/Downloads/831-Texto%20do%20artigo-3339-1-10-20160610.pdf>. Acesso em: 20 jun. 2022.

BRASIL. MINISTÉRIO DA SAÚDE. *Doenças relacionadas ao trabalho. Manual de procedimentos para os serviços de saúde.* Brasília, 2001. Disponível em: <https://bvsms.saude.gov.br/bvs/publicacoes/doencas_relacionadas_trabalho1.pdf>. Acesso em: 20 jun. 2022.

CAMINHA, Renato M. Os processos representacionais nas praticas das TCCs. In: CAMINHA, Renato M. *et al.* (Org). *Psicoterapias cognitivo-comportamentais*: teoria e prática. São Paulo: Casa do Psicólogo, 2003.

CARLOTTO, M. S. Síndrome de Burnout e satisfação no trabalho: um estudo com professores universitários. In: PEREIRA, A. M. T. B. (Org.) *Burnout*: quando o trabalho ameaça o bem-estar do trabalhador. São Paulo: Casa do Psicólogo, 2002.

CONCEIÇÃO, Sandra Maria Penha. Síndrome de Burnout: esse mal que assola os profissionais de Enfermagem. *Revista Científica Instituto Cultural Gentil Alves Pessoa*, v.2, n 1, 2018. Disponível em: <http://www.revistaicgap.com.br/index.php/icgap/article/view/35/32>. Acesso em: 20 jun. 2022.

FONTES, Flávio Fernandes. Teorização e conceitualização em psicologia: o caso do Burnout. 2016. 127f. Tese (Doutorado em Psicologia) - Centro de Ciências Humanas, Letras e Artes, Universidade Federal do Rio Grande do Norte, Natal, 2016. Disponível em: <https://repositorio.ufrn.br/jspui/handle/123456789/21535>. Acesso em: 20 jun. 2022.

LEAHY, R. L. et al. *Regulação emocional em psicoterapia*. Porto Alegre: Artmed, 2013.

LINEHAM, M. M. *Treinamento de habilidades em DBT*: manual de terapia comportamental dialética para o terapeuta. 2. ed. Porto Alegre: Artmed, 2018.

LIPP, M. N. *Como enfrentar o estresse*. Campinas, SP: Ícone Editora. 1996.

LIPP. M. N. (Org.). *O stress do professor*. Campinas, SP: Papirus, 2002.

LIPP, M. N.; & MALAGRIS, L. N. Manejo do estresse. In: RANGÉ, B. (Org.) *Psicoterapia Comportamental e Cognitiva*: pesquisa prática, aplicações e problemas. Campinas, SP: Editorial Psy II, 1995.

LIPP, M. E. N.; MALAGRIS, L. E. N. & NOVAIS, L. E. *Estresse ao longo da vida*. São Paulo: Ícone, 2007.

LIPP, M.; & ROCHA, J. C. *Stress, hipertensão e qualidade de vida*. Campinas, SP: Papirus, 1994.

MAIA, A. C. C. de O. *et al*. Tratamento transdiagnóstico usando um protocolo unificado: aplicação para pacientes com uma variedade de transtornos de ansiedade e humor comórbidos. *Trends Psychiatry Psychother*, v. 35, n. 2, p. 134-140, 2013. Disponível em <http://www.scielo.br/scielo.php?script=sci_arttext&pid=S2237-60892013000200007&lng=en&nrm=iso>. Acesso em: 20 jun. 2022.

MALAGRIS, L. E. N. O professor, o aluno com distúrbios de conduta e o stress. In: LIPP, M. (Org.). O stress do professor. Campinas: Papirus, 2002. p. 41-54.

MELEIRO, A. M. G. S. O stress do professor. In: LIPP, M. E. N. (Org.). *O stress do professor*. 5. ed. Campinas: Papirus, 2002.

MIGUEL, Fabiano Koich. Psicologia das emoções: uma proposta integrativa para compreender a expressão emocional. *Psico-USF* , v. 20, n. 1, p. 153-162, 2015.

ORGANIZACAO MUNDIAL DA SAUDE (OMS). *Classificação de Transtornos Mentais e de Comportamento (CID-10)*. Porto Alegre: Artmed, 1993.

ORGANIZACAO MUNDIAL DA SAUDE (OMS). *CID-11 - 11ª Revisão da Classificação Internacional de Doenças: O padrão global para informações de diagnóstico de saúde*. 2020. Disponível em: <https://icd.who.int/browse11/l-m/en>. Acesso em: 20 jun. 2022.

REINHOLD, H. O burnout. In: LIPP, M. (Org.). *O stress do professor.* Campinas: Papirus, 2002.

REYES, Amanda Neumann; & FERMANN, Ilana Luiz. Eficácia da terapia cognitivo-comportamental no transtorno de ansiedade generalizada. *Rev. bras.ter. cogn.*, v. 13, n. 1, p. 49-54, 2017.

VAZ DE CARVALHO, Anelisa. Terapia Cognitivo-Comportamental na síndrome de Burnout: contextualização e Intervenções. *Sinopsys*, 2019.

Os autores

Organizadores

Ana Claudia Ornelas

Coordenadora do curso de Terapia Cognitivo-Comportamental (CBI of Miami). Pós-doutora em Saúde Mental (Boston University e Massachusetts General Hospital). Doutora em Saúde Mental (Universidade Federal do Rio de Janeiro). Mestre em Sexologia (Universidade Gama Filho). Especialista Certificada em Terapia Cognitivo-Comportamental (Federação Brasileira de Terapias Cognitivas).

Marcio Moreira da Silva

Pós-graduado em Terapia Cognitivo-Comportamental pelo CBI of Miami e Centro Universitário Celso Lisboa. Graduado em Psicologia pela Unileão Centro Universitário. Especialista em Psicologia Aplicada à Educação pela Universidade Regional do Cariri (URCA). E-mail: marciopsi78@gmail.com.

Autores

Cristiane Vidal Barbosa

Pós-graduada em Terapia Cognitiva Comportamental pelo CBI of Miami. Pós-graduada em Educação Especial e Inclusiva pela

Universidade FAVENI. Pós-Graduanda em Neuropsicologia pelo IPOG. Bacharel em Psicologia pelo Centro Universitário Barramansense. Licenciatura em Pedagogia pela UNIRIO.

Jéssica Limberger

Doutora e Mestra em Psicologia Clínica pela Universidade do Vale do Rio dos Sinos (UNISINOS). Especialista em Terapia Cognitivo-Comportamental pela Universidade Cândido Mendes (UCAM)/ CBI of Miami. Graduada em Psicologia pela Universidade de Passo Fundo (UPF). Professora Adjunta no Curso de Psicologia da Universidade de Passo Fundo (UPF). Professora no Centro Universitário IDEAU (UNIDEAU). Professora convidada em cursos de pós-graduação. Coordenadora da Pós-Graduação em Habilidades Sociais do CBI of Miami/Centro Universitário Celso Lisboa. Psicóloga Clínica e Supervisora em Terapia Cognitivo-Comportamental.

Juliana Andrade de Abreu

Pós-graduada em Terapia Cognitivo-Comportamental pelo CBI of Miami e Centro Universitário Celso Lisboa. Graduada em Psicologia pela Universidade Estácio de Sá. Especialista em Gestão em Saúde Pública pela Universidade Federal Fluminense (UFF).

Kátia Massini Jorge

Pós-graduada em Terapia Cognitivo-Comportamental pelo CBI of Miami e Centro Universitário Celso Lisboa e Análise do Comportamento Aplicada ao Autismo (UFSCAR). Graduada em Psicologia pela Universidade Salesiana de Lorena (UNISAL). Especialista em Psicopedagogia, Violência Doméstica (USP) e em Habilitação Neuropsicológica pela FMUSP. Pós-graduada em Terapia Cognitivo-Comportamental pelo Centro Universitário Celso Lisboa e CBI of Miami. Graduada em Psicologia pela Universidade Estácio de Sá.

Katia Pereira Tomaz

Docente e Orientadora de TCC do Curso de Gestão Hospitalar do Centro Universitário FMABC. Docente na Residência Multiprofissional de Saúde do Idoso e Atenção ao Câncer e Coordenadora do Grupo Multiprofissional de Cuidadores de Idosos do Centro

Universitário FMABC. Mestra em Ciências da Saúde pelo Centro Universitário FMABC. Psicóloga Clínica Infantil a Idoso Especialista em Terapia Cognitivo-Comportamental pela CBI of Miami e UCAM. Neuropsicóloga em formação pela FMUSP. Graduada e Licenciada em Psicologia pela Universidade Presbiteriana Mackenzie.

Lidiane Calil

Psicóloga formada pela Universidade Gama Filho MBA em Gestão de Recursos Humanos Formação em Terapia Cognitivo Comportamental pelo CPAF – RJ. Formação em Psicoterapia Focal Breve pela Santa Casa da Misericórdia; Pós-graduada em Terapia Cognitivo Comportamental pelo CBI of Miami; Pós Graduada em Terapia Cognitivo Comportamental na Infância e Adolescência pelo INTCC/RJ. Especialista em atendimento clínico a crianças, adolescentes e orientação de Pais. Palestrante em Instituições Sociais com foco em Orientação Familiar.

Liliam Souza Aguiar

Pós-graduada em Terapia Cognitivo Comportamental pelo CBI of Miami/Universidade Cândido Mendes (UCAM AVM). Pós-graduanda em Análise do Comportamento Aplicada pela FETAC. Formação Avançada em Terapia Comportamental no Transtorno do Espectro Autista pela Academia do Autismo. Formação em ABA pelo CAAESM/Academia do Autismo. Psicóloga, graduada pela UFRJ (Universidade Federal do Rio de Janeiro). Capelã hospitalar credenciada pela Associação de Capelania Hospitalar Evangélica do Rio de Janeiro (CAHERJ). Psicóloga clínica e hospitalar no Hospital Quinta D'or. Voluntária nas áreas clínica e hospitalar do NIPCH – SCMRJ (Núcleo Integrado de Psicologia Clínica e Hospitalar da Santa Casa de Misericórdia do Rio de Janeiro). Facilitadora de Grupo de Estudos no Instituto SemNó de Psicologia.

Lilian Cristina Nobumitsu Leão

Pós-graduada em Terapia Cognitivo Comportamental pelo CBI of Miami. Formação em Terapia Narrativa Focada na Compaixão e Fundamentos em Mindfulness pelo IPQ/FMUSP.Graduada em Psicologia pela UNICSUL (Universidade Cruzeiro do Sul).

Liliane Aparecida Módena

Pós-graduação em Terapia Cognitiva Comportamental pelo CBI of Miami. Bacharel em Psicologia pelo Centro Universitário de Itajubá– FEPI.

Maria da Paz Nunes Costa Balthazar

Organizadora do curso Treinamento Mental "Acalma a Mente todo dia" e fundadora do canal no YouTube. Especialista em TCC em Transtornos de Humor: Transtornos de ansiedade, Transtornos de depressão e Transtornos alimentar. Especialista em Nutrição com ênfase em obesidade e emagrecimento. Capacitada como terapeuta pelo Centro de Psicologia Positiva e *Mindfulness* do Paraná (CPPMP). Professora de meditação capacitada. Participou do programa de 8 semanas da Terapia Cognitivo baseada em *Mindfulness* protocolo MBCT (*Mindfulness-Based Cognitive Therapy*) pelo Centro Brasileiro de *Mindfulness* e Promoção da Saúde (Mente Aberta Brasil/ UNIFESP).

Miguel Soares de Brito Júnior

Pós-graduado em Saúde Mental e Atenção Psicossocial pela Estácio de Sá. Graduado em Terapia Cognitivo-Comportamental pelo CBI of Miami e Centro Universitário Celso Lisboa. Graduado em Psicologia pela Universidade Federal Fluminense.

Patrícia Cláudia Rodrigues

Pós-graduada em Terapia Cognitivo-Comportamental pelo CBI of Miami e Centro Universitário Celso Lisboa. Graduada em Psicologia pela Universidade Estadual Paulista "Júlio de Mesquita Filho" (UNESP). Especialista em Neuropsicologia. Pós-graduada em Intervenção ABA para DI e Autismo pela Celso Lisboa e CBI of Miami.

Patrícia Zogbi dos Santos

Pós-graduada em Terapia Cognitivo-Comportamental pelo CBI of Miami e Centro Universitário Censo Lisboa. Graduada em Psicologia pela UNIFEBE.

Raquel Magalhães de Mello

Pós-graduação em Gestão de Pessoas pela UNESA. Pós-graduação em Terapia Cognitivo Comportamental pelo CBI of Miami. MBA em Gestão Empresarial pela UFRJ/COOPE. Psicóloga formada pela Centro de Ensino Superior de Juiz de Fora. Palestrante em Instituições com foco em Orientação Familiar.

Sara Carlos da Silva

Pós-graduada em Terapia Cognitivo-Comportamental pelo CBI of Miami e Centro Universitário Celso Lisboa. Graduada em Psicologia pela PUC-GO (Pontifícia Universidade Católica de Goiás). Mestre em Saúde Pública pela UDS. Formação em Psicologia Econômica e Arquitetura da Escolha pela Vértice.

Sara Reigiana Ribeiro da Silva

Pós-Graduada em Terapia Cognitivo Comportamental pelo CBI of Miami/UCAM AVM. Graduada em Psicologia pela Universidade Estácio de Sá/Resende. Formação em Gestão de Pessoas pelo SENAI. Formação em Direitos Humanos e Mediação de Conflitos pelo ITS Brasil.

Vanessa Martins Maranho

Especialista em RH (UNIGRANRIO) e em Terapia Cognitivo Comportamental (CBI of Miami). Formação em Gestalt-Terapia (ICG). Mestranda em Educação Especial (Lynn University). Graduada em Psicologia (UFMA). Neuropsicóloga Clínica (IBNEURO/FACIBRA). Membro da Kappa Delta Pi e Golden Key International Honour Society.

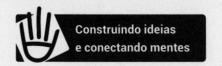

Este livro foi composto com tipografia Bembo Std e
impresso em papel Pólen Soft 80g. em novembro de 2023.